PPP 丛书

# PPP 模式融资问题研究

财政部政府和社会资本合作中心　编著

中国财经出版传媒集团
经济科学出版社
Economic Science Press

图书在版编目（CIP）数据

PPP模式融资问题研究/财政部政府和社会资本合作中心编著.—北京：经济科学出版社，2017.3（2018.3重印）

ISBN 978-7-5141-7862-3

Ⅰ.①P… Ⅱ.①财… Ⅲ.①基础设施建设-融资-研究-中国 Ⅳ.①F299.24

中国版本图书馆CIP数据核字（2017）第057287号

责任编辑：凌　敏
责任校对：靳玉环
责任印制：李　鹏

## PPP模式融资问题研究

财政部政府和社会资本合作中心　编著
经济科学出版社出版、发行　新华书店经销
社址：北京市海淀区阜成路甲28号　邮编：100142
教材分社电话：010-88191343　发行部电话：010-88191522
网址：www.esp.com.cn
电子邮件：lingmin@esp.com.cn
天猫网店：经济科学出版社旗舰店
网址：http://jjkxcbs.tmall.com
北京密兴印刷有限公司印装
787×1092　16开　9.5印张　210000字
2017年3月第1版　2018年3月第2次印刷
ISBN 978-7-5141-7862-3　定价：36.00元
（图书出现印装问题，本社负责调换。电话：010-88191510）
（版权所有　侵权必究　举报电话：010-88191586
电子邮箱：dbts@esp.com.cn）

# 前　言

政府和社会资本合作（Public-Private Partnerships，PPP）是在公共产品和服务领域转变政府职能，引进市场机制，利用社会资本资金、技术、管理和创新能力，增加、改善、优化和丰富公共产品公共服务供给的一次体制机制变革。PPP改革作为全面深化改革的重要组成部分，牵引行政体制、财政体制和投融资体制等改革协同推进，促进法治政府、责任政府、服务政府建设，推进国家治理体系和治理能力现代化。

PPP融资是推动PPP改革落地、构建PPP生态圈的关键一环。一是有助于稳定预期，提振信心。成熟的PPP融资环境反映了长期资金定价和风险定价水平，为市场提供了合理的定价基准，引导社会资本形成稳定预期，建立长期、稳定、可持续的回报机制。二是有助于创新服务，因需制宜。健全的PPP融资机制包含规范化、市场化的融资渠道和退出机制，可以实现从一级市场到二级市场的合理流转，从股权到债权的合理配置，提高PPP融资的流动性、透明性和活跃度。三是有助于防范风险，稳定发展。规范的PPP融资模式要求建立符合PPP融资特点的内控制度和风控体系，更加关注政府和社会资本权、责、利的分配，进一步夯实PPP与金融市场对接的治理基础。

经过3年实践，PPP融资共识逐步形成，制度体系逐步规范，融资政策不断完善，融资环境持续优化，但融资难、融资贵、融资产品单一、融资渠道不畅等问题有待进一步解决。为此，财政部政府和社会资本合作中心组织专家力量，对PPP融资问题展开深入研究，并编写成书。全书主要围绕以下主题：一是追古溯今，展现PPP融资发展历史轨迹；二是理论争鸣，系统、全面地阐述PPP融资的理论基础与思想体系；三是立足实践，梳理国内已有的融资产品和融资模式；四是分析对比，展现PPP项目不同阶段的差异化融资安排；五是系统总结，通过对PPP融资风险的识别、评价和分配，实现对融资风险的全面管理，力争精练而不失生动地为读者呈现PPP

融资生态全景图。

"问渠哪得清如许,为有源头活水来。"希望通过本书抛砖引玉,促进PPP融资领域的交流与讨论,汇集各方智慧和力量,推动理论创新、产品创新和制度创新,不断引入活水,为PPP的可持续发展保驾护航。

**财政部政府和社会资本合作中心**
2016 年 12 月

# 目 录

## 第一章 PPP模式融资概述 ... 1

一、PPP模式融资理论基础及概念简述 ... 1
    （一）PPP模式的基本概念和特征 ... 1
    （二）PPP模式发展的历史沿革 ... 3
    （三）融资方式的演进 ... 9
    （四）PPP模式融资的概念解析 ... 11

二、PPP模式融资的特征、目标与应用条件 ... 13
    （一）PPP模式融资的特征 ... 13
    （二）PPP模式融资的目标 ... 14
    （三）PPP项目的融资应用条件 ... 15

三、PPP模式融资的作用和意义 ... 16
    （一）PPP模式融资的作用 ... 16
    （二）PPP模式融资的意义 ... 17

## 第二章 PPP模式融资理论 ... 20

一、企业融资理论的基础 ... 20
    （一）MM理论 ... 21
    （二）平衡理论 ... 22
    （三）新优序列理论 ... 23
    （四）代理成本理论 ... 24
    （五）控制权理论 ... 25

二、PPP模式理论的发展 ... 27
    （一）公共产品理论 ... 28
    （二）民营化理论 ... 29
    （三）新公共管理理论 ... 30
    （四）市场失灵与政府失灵理论 ... 34

三、项目融资理论的演进 ·································································· 35
　　（一）项目融资理论发展 ······················································· 35
　　（二）项目融资实践演进 ······················································· 38

# 第三章　PPP 项目的融资方式 ·················································· 42

一、股权投资基金融资方式 ························································· 42
　　（一）股权投资基金简介 ······················································· 43
　　（二）PPP 模式下的股权投资基金运作方式 ··························· 44
　　（三）案例简介 ···································································· 48
二、银行贷款融资方式 ································································ 49
　　（一）银行贷款概述 ····························································· 49
　　（二）银行贷款的相关要求 ···················································· 50
　　（三）银行贷款的流程 ·························································· 51
　　（四）银行贷款在 PPP 模式融资中的优势与特色 ···················· 52
　　（五）案例简介 ···································································· 53
三、信托融资方式 ······································································ 54
　　（一）信托公司参与基础设施投资的历史 ································ 54
　　（二）信托公司参与 PPP 项目的主要融资模式及操作要点 ······· 55
四、保险资金参与的融资方式 ······················································ 61
　　（一）保险资金投资 PPP 的优势 ··········································· 61
　　（二）案例简介 ···································································· 63
五、债券融资方式 ······································································ 64
　　（一）债券融资简介 ····························································· 64
　　（二）债券融资产品 ····························································· 65
　　（三）案例简介 ···································································· 72
六、专项资产管理计划融资方式 ··················································· 75
　　（一）资产支持专项计划的发展历程 ······································· 75
　　（二）资产支持专项计划的交易结构 ······································· 76
　　（三）资产支持专项计划的优势及特色 ···································· 77
　　（四）案例简介 ···································································· 79
七、项目收益债融资方式 ···························································· 80
　　（一）定义 ·········································································· 80
　　（二）特点及优势 ································································ 81
　　（三）案例简介 ···································································· 83
八、融资租赁方式 ······································································ 84

（一）融资租赁定义 ············································· 84
　　（二）融资租赁的主要类别 ······································· 85
　　（三）融资租赁的优势 ··········································· 86
　　（四）案例简介 ················································· 87

# 第四章　PPP 项目全生命周期融资安排 ······························ 88

一、PPP 项目的生命周期 ············································· 88
二、PPP 项目分析 ··················································· 89
　　（一）PPP 运营模式分析 ········································· 89
　　（二）PPP 项目收入分析 ········································· 90
　　（三）PPP 模式融资特点分析 ···································· 91
三、PPP 项目各阶段的融资安排 ····································· 92
　　（一）PPP 项目前期融资安排 ···································· 92
　　（二）PPP 项目建设期融资安排 ·································· 94
　　（三）PPP 项目运营期融资（再融资）安排 ························ 97
　　（四）PPP 移交期（社会资本退出）融资安排 ····················· 101
　　（五）PPP 项目不同付费方式的金融产品选择 ····················· 102

# 第五章　PPP 项目的融资风险分担与管理 ···························· 104

一、风险、PPP 项目的融资风险与 PPP 项目的融资风险管理框架 ········ 104
　　（一）风险概念 ················································ 104
　　（二）PPP 项目的风险 ·········································· 105
　　（三）PPP 项目的融资风险 ······································ 106
　　（四）PPP 项目的融资风险管理框架 ······························ 106
二、PPP 项目的融资风险识别 ········································ 108
　　（一）PPP 项目的融资风险识别概述 ······························ 108
　　（二）PPP 项目的主要融资风险 ·································· 108
三、PPP 项目的融资风险评估 ········································ 111
　　（一）融资风险评估概述 ········································ 111
　　（二）定性评估 ················································ 111
　　（三）定量评估 ················································ 116
　　（四）半定性半定量分析 ········································ 118
四、PPP 项目的融资风险分担 ········································ 118
　　（一）融资风险分担主体分析 ···································· 118
　　（二）影响融资风险分担的因素 ·································· 120

（三）融资风险分担原则和框架 ·············· 121
　　（四）融资风险分担建议方案 ·············· 123
　　（五）融资风险分担调整机制 ·············· 126
五、PPP项目的融资风险应对 ················ 127
　　（一）资金可获得性风险 ················ 128
　　（二）金融机构信用风险 ················ 129
　　（三）汇率风险 ···················· 130
　　（四）利率风险 ···················· 131
　　（五）通货膨胀风险 ·················· 132
　　（六）流动性风险 ··················· 133
　　（七）金融机构监管风险 ················ 133
　　（八）再融资风险 ··················· 134

名词解释 ·························· **136**
参考文献 ·························· **138**
后　　记 ·························· **142**

# 第一章 PPP 模式融资概述

PPP（Public-Private Partnerships）即政府和社会资本合作模式，是公共产品和服务供给机制的重大创新，是指政府采取竞争性方式择优选择具有投资、运营管理能力的社会资本，双方按照平等协商原则订立合同，明确责、权、利关系，由社会资本提供公共产品和服务，政府依据公共产品和服务的绩效评价结果向社会资本支付相应对价，保证社会资本获得合理收益。从目前我国利用 PPP 模式推动政府部门和社会资本合作的整体思路来看，PPP 模式强调功能多样性，以实现国家治理体系和治理能力现代化。政府职能转变，打破了行业准入规则，完善财政投入和管理方式，提高公共产品和服务供给效率，形成多元化、可持续的公共服务、基础设施投资资金投入渠道。在 PPP 模式的诸多功能中，融资功能尤为重要，它不仅是 PPP 各项功能得以实现的核心，更为其他功能的发展提供基础保障，而 PPP 模式的融资功能则需通过 PPP 项目的融资来实证。

回顾当前关于 PPP 的文献资料，我们并没有发现专门针对 PPP 模式融资（或 PPP 融资）的概念分析。为更准确地定位 PPP 融资，本章在第一节中首先对 PPP 模式和融资的概念及历史演变分别进行梳理，进而结合 PPP 模式特点尝试对 PPP 模式融资的实质进行分析。在第二节中，我们解析了 PPP 模式融资的特征、目标和应用条件及范围，便于更好地展示 PPP 模式融资的内涵和外延。在第三节中，我们就不同利益相关方的角度对 PPP 模式融资的作用进行分析，并就其宏观和微观意义进行概述，方便大家对 PPP 模式融资有一个更为全面、系统的认识。

## 一、PPP 模式融资理论基础及概念简述

### （一）PPP 模式的基本概念和特征

PPP 是推动公共基础设施投资、建设、运营和公共服务市场化的有效管理方式。在国际上，不同国家、不同机构对 PPP 的定义的表述略有不同。[①]

（1）联合国发展计划署将 PPP 定义为政府、营利性企业和非营利性组织基于某个

---

① PPP 模式定义及在国内外发展情况概述［DB/OL］. 中国交通技术网，2015-01-19.

项目而形成的相互合作关系的形式。合作中，由参与合作的各方共同承担责任和融资风险，以期达到比单独行动更有利的合作效果。

（2）按照联合国培训研究院的界定，PPP包含两层含义：其一是为满足公共产品需要而建立的政府部门和社会资本之间的各种合作关系；其二是为满足公共产品需要，政府部门和社会资本建立合作关系进行的大型公共项目的实施。

（3）欧盟委员会定义PPP为政府部门和社会资本之间的一种合作关系，其目的是为了提供传统上由政府部门提供的公共项目或服务。

（4）美国国家委员会对PPP的官方定义是介于外包和私有化之间的一种公共产品提供方式，它充分利用社会资源设计、建设、投资、经营和维护公共基础设施，并提供相关服务以满足公共需求。

（5）加拿大国家委员会将PPP定义为政府部门和社会资本之间的一种合作经营关系，通过适当的资源分配、风险分担和利益共享机制以满足公共需求。

（6）按照世界银行界定，PPP是政府和社会资本就提供公共产品和服务签订的长期合同，其中社会资本承担实质风险和管理责任。

国内对PPP的概念表述也不尽相同。贾康、孙洁提出，PPP是指政府部门在与非政府主体（企业、专业化机构等）合作过程中，使非政府主体利用其所掌握的资源参与提供公共产品和服务的活动，从而实现政府部门的职能，同时也为社会资本带来利益。其管理模式包含与此相符的诸多具体形式。通过这种合作和管理过程，可以实现在不排除并适当满足社会资本投资营利目标的同时，为社会更有效率地提供公共产品和服务，使有限资源发挥更大的效用。王守清等将PPP定义为企业获得政府的特许经营权，提供传统上由政府负责的基础设施、公用事业的建设与服务的方式。

国家发改委在有关指导文件中，将PPP定义为政府为增强公共产品和服务供给能力、提高供给效率，通过特许经营、购买服务、股权合作等方式，与社会资本建立的利益共享、风险分担及长期合作关系。

由此可见，不同国家、机构甚至不同学者、专家对PPP概念的表述都各有侧重，但离不开以下几点要素：首先，强调政府部门和社会资本的合作关系，每个定义都包含"合作"这个关键词。合作关系必须遵从法治环境下的契约精神。其次，明确合作领域为公共产品及公共服务，合作目的为满足公共需求。再次，强调利益共享，社会资本与政府部门实现共赢。最后，强调风险分担机制。社会资本承担项目设计、建设、融资、运营维护等商业风险，政府部门承担政策、法律和最低需求风险等。

从更为广度的视角来看，除上述要点外，PPP更是一次社会服务领域和企业治理结构的改革，是一种提供公共产品和服务的管理模式，而这在财政部《关于推广运用政府和社会资本合作模式有关问题的通知》对PPP模式的定义中体现得更为明显。这种思维也进一步在国务院办公厅《关于在公共服务领域推广政府和社会资本合作模式指导意见的通知》的行文中予以体现：政府和社会资本合作模式是公共服务供给机制的重大创新，即政府采取竞争性方式择优选择具有投资、运营管理能力的社会资本，双方按照平等协商原则订立合同，明确责权利关系，由社会资本提供公共服务，政府依据公共服务绩效评价结果向社会资本支付相应对价，保证社会资本获得合理收益。政府和社会资本合作模式有利于充分发挥市场机制作用，提升公共服务的供给质量和效率，实现公共利益最大化。

由此可见，PPP 模式引入了社会资本的管理经验和先进技术，提高了项目建设和运营效率，通过这种合作和管理过程，可以在适当满足社会资本盈利目标的同时，为社会更有效率地提供公共产品和服务，优化资源配置。从我国基本国情和 PPP 实践情况来看，PPP 不仅仅是一种新的公共产品和服务的提供方式，而且也是管理模式和社会治理机制的创新。如果运用得当，PPP 有望成为缓解我国"一带一路"发展资金困难，化解我国城镇化问题，实现"稳增长、促改革、调结构和惠民生"目标的重要工具。

### （二）PPP 模式发展的历史沿革

**1. 国际发展**[①]

关于 PPP 模式的起源，一般认为，可追溯至近代欧洲的收费公路建设计划和社会资本参与供水制度。但从时间上来看，最早的收费公路是公元前 1950 年，亚述人修建的从叙利亚到巴比伦的收费道路。希腊历史学家斯特雷波（Strabo，公元前 63 年~公元 21 年）的著作 Geographia 中也记载了罗马大帝授予 Salassi 部落征收公路通行费的特许权。17 世纪，欧洲税务机构开始推行公路收费政策。1782 年，法国 Perrier 兄弟建设并运营自来水公司为法国居民提供自来水公共服务。从实质上来看，这种政府部门和社会资本之间形成的互动、交易关系是 PPP 模式的雏形，但当时尚未引起对社会资本进入公共基础设施的关注与讨论，也未明确提出 PPP 的概念或理论。

直至 20 世纪 70 年代，欧美各国为缓解经济萧条情况下的财政支出压力，积极引入社会资本参与基础设施建设和运营，PPP 模式才开始受到广泛关注。80 年代中期，发达国家爆发债务危机，为缓解社会经济压力，1984 年，时任土耳其总理的图尔古特·厄扎尔首次提出建设－运营－转让（BOT）的概念并用该方式建设了阿科伊核电厂，后被多国效仿。随后与 PPP 模式相关的建设－运营－转让（BOT）、移交－运营－移交（TOT）和再建－运营－移交（ROT）以及租赁合约等形式都开始得到应用，其中以 BOT 模式的应用最为广泛。

在随后的 20 多年里，这种公共产品供给的新模式在全球范围内被广泛应用。根据全球 PPP 研究机构 PWF（Public Works Financing）的统计数据，1985~2011 年全球基础设施 PPP 名义价值为 7 751 亿美元，其中，欧洲处于领先地位，约占全球 PPP 名义价值的 45.6%，亚洲、澳大利亚占 24.2%，美国、加拿大分别占 8.8%、5.8%，墨西

---

[①] 孟春，高伟. PPP 模式的国际经验与启示［J］. 调查研究报告，2014，4563（64）.

哥、拉丁美洲、加勒比海占11.4%，非洲和中东地区占4.1%。[①]

PPP模式在现代意义上的形成和发展，主要归于新公共管理运动中引入以社会资本积极参与为核心内容的公共服务供给领域的市场化改革。其自萌芽到成熟，一路顺利发展，不仅有赖于全球市场经济发展，更离不开各国政府的支持。有的国家如英国、美国等，甚至建立专项基金支持PPP的发展，发布PPP程序、评估、监督的技术规范。在诸多内外因素的共同促进下，PPP逐渐发展为国际市场上多主体合作的一种重要项目运作模式。

（1）英国PPP模式的运用。1992年，英国正式提出私人融资计划（Private Financing Initiative，PFI）——PFI模式，最早具备现代意义的PPP特征。它要求项目在特许经营期内采用政府付费的方式，以此鼓励社会资本投资公共产品。1993年，英国废除最初严格限制私人资本进入公共领域融资的规定。1997年，英国开始在公共基础设施领域全面推广PFI模式。英国政府充分发挥私人资本在设计、管理、技术等方面的优势，为公共领域提供服务，大大提高了英国公共基础设施建设及运营的效率。

但在欧债危机的冲击下，PFI模式受到了极大的挑战。2012年，英国进一步提出PFⅡ（Private Finance Ⅱ）。相较于PFI、PFⅡ的主要改进之处在于：1）改变股权结构：PFⅡ模式下政府持有一定的股权，作为项目小股东参与投资；2）提高项目效率、节省项目支出成本：PFⅡ模式下鼓励政府进行集中采购，项目招标时间不超过18个月，对项目采购制定标准化的流程和文件，加强开支监管等；3）提高合同灵活性：允许政府在项目运营过程中选择添加或删除一些服务可选项等；4）提高透明度：要求社会资本公开项目收益信息，政府每年公布其所有参股项目的财务信息等；5）改进风险分配机制：要求政府部门改进对额外开支风险的管理等；6）调整债务融资结构：允许PFⅡ项目获取长期债务融资等。

（2）韩国PPP模式的运用。韩国是亚洲地区实施PPP模式较早的国家之一。自1994年政府颁布《促进社会资本参与基础设施投资法》起，韩国鼓励应用PPP模式已有20余年历史。但在推广PPP模式中，受到收益保障措施不健全等因素影响，社会资本投资意愿有限。1999年和2005年韩国政府对《促进社会资本参与基础设施投资法》进行了两次修订，修改内容包括扩大社会资本参与范围、完善收益保障机制等，其中包括对社会资本最低收益保证的确立和废止的问题。其后，PPP在韩国的发展进入成熟阶段。但2008年金融危机的爆发，让韩国社会资本投资开始萎缩，因此韩国政府开始从多角度摸索更具灵活性的方案，创造性地提出BTO-rs（危险分散型）、BTO-a（损益共享型）等新的PPP模式，以构建政府与社会资本分担风险的更好方式。目前，韩国已成为亚洲地区推行PPP模式最为成熟的国家。

（3）加拿大PPP模式的运用。加拿大是国际公认PPP模式运用最好的国家之一，即使在2008年金融危机之后，其PPP市场的稳定和活跃程度与其他地区市场低迷的情

---

① 中债资信. PPP系列专题研究之一：PPP模式定义在国内外发展情况［DB/OL］. 和讯网，2015-01-16.

况也能形成鲜明的对比。在2008年,加拿大组建了国家层级的PPP中心——加拿大PPP中心(PPP Canada),并将12.5亿加元的政府拨款全部用于全国20多个PPP项目,同时撬动60多亿加元的市场投资。2013年,联邦政府通过"新建设加拿大基金"(New Building Canada Fund)为加拿大PPP基金再次注资12.5亿加元。根据CCPPP数据库信息显示,截至2015年10月,加拿大共实施PPP项目238个,资本总额达813亿加元。

(4)澳大利亚PPP模式的运用。澳大利亚在运用PPP模式实施大型基础设施项目上,处于世界领先地位。其主要做法是采用成立特殊目的公司(SPV公司)的方式,在这种方式中,政府与SPV公司签订项目协议,期限大多为20~30年,由SPV公司进行融资、建设及运营,合同到期后项目资产无偿转交政府运营管理。2008年,联邦政府设立澳大利亚基础设施管理局(Infrastructure Australia,IAU)。作为国家层面的管理机构,IAU负责协助政府制定基础设施开发蓝图,制定全国各级政府基础设施融资的规章,为政府、投资人和基础设施拥有人提供咨询服务,并致力于推广PPP模式。根据IAU公布的数据,截至2015年5月,澳大利亚已实施PPP项目136个,总金额达772亿澳元。[①]

(5)美国PPP模式的运用。PPP这个专业术语起源于美国,最初专指政府和私人资本联合为教育项目筹资。20世纪50年代开始,PPP的范围逐渐扩展到其他公共服务领域。目前在美国,从学校、医院、监狱到输油管道、交通运输、垃圾处理,甚至在军事、航空航天等领域都出现了应用PPP模式的项目。由于美国拥有全世界最成熟的资本市场和完善的制度环境,因此也被认为是市场主导PPP模式的典型代表。

**2. 国内发展**[②]

我国PPP模式的发展较西方发达国家相对滞后,发展过程也较为曲折。一般认为,到目前为止,PPP模式在中国发展大致经历了探索试点期(2002年之前)、逐步发展期(2003~2008年)、调整期(2008~2012年)和"解冻"期(2013年至今)四个阶段。[③] 随着中央政府对PPP模式的重视和推广,未来PPP在中国的应用会进入一个全新且规范的快速发展期。

(1)探索试点期(2002年之前)。20世纪80年代,我国开始对政府和社会资本合作模式进行探索和实践,PPP模式相关的建设-运营-转让(BOT)、移交-运营-移交(TOT)和再建-运营-移交(ROT)以及租赁合约等形式都得到了应用。1984年我国启动第一个BOT模式项目——深圳沙角B电厂项目。1995年法国电力公司及阿尔斯通公司联合体获得广西来宾B电厂18年的特许经营权。1997年亚洲金融危机更是在国内掀起第一波PPP热潮。

---
① 贾康,孙洁.公私伙伴关系(PPP)的概念、起源、特征与功能[J].财政研究,2009(10).
② 苏亮瑜,罗剑.PPP在中国的发展历程[N].证券时报,2015-05-25.
③ 从中国PPP发展历程看未来[DB/OL].财新网,2014-08-01.

（2）逐步发展期（2003~2008年）。2003~2008年，地方政府公共基础设施项目繁多，而财政资金有限，为了满足社会大众对公共设施和公共服务的要求，各地开始更加重视PPP形式的应用和推广。而国家政策的进一步明确也在很大程度上推动了PPP项目的应用，我国掀起第二波PPP高潮。2002年建设部（现住房与城乡建设部）发布《关于加快市政公用行业市场化进程的意见》，鼓励社会资本、外国资本以多种形式参与市政公用设施的建设；2005年"非公经济36条"提出"允许非公有资本进入公用事业和基础设施领域"。这在很大程度上推动了各地市政公用领域PPP模式的应用，使得外资和社会资本较大规模地参与基础设施和公共服务的投资。这期间的代表性项目有国家体育场、北京地铁四号线项目，以及威立雅水务公司、新奥燃气、港华燃气等在各地区投资的水务、燃气项目。

（3）调整期（2008~2012年）。受2008年全球金融危机影响，全球和中国经济增速下滑，我国采用积极财政政策和刺激经济增长计划来应对。该经济刺激计划的投资由政府主导，但鉴于地方政府无法以市场主体的身份参与投资，各地政府都充分利用所属融资平台进行投融资。2009年以来城市基础设施等公共产品和服务的投融资职能主要由各地的融资平台公司承担，项目的运作方式以政府委托代建、BT模式为主。因此，这一时期，社会资本在公共产品和服务领域的参与度有所下降，PPP模式的发展处于调整期。到2010年，PPP模式遭遇搁浅。

（4）"解冻"期（2013年至今）。截至2013年6月底，中央和地方政府负有偿还责任的债务余额为20.70万亿元，较2010年年底大幅增长。政府债务尤其地方债务压力日益增加。与此同时，城镇化和"一带一路"的发展又亟须大量资金支持。在此形势下，2013年中共中央发文允许社会资本通过特许经营等方式参与城市基础设施投资和运营。2014年，在《关于2014年深化经济体制改革重点任务的意见》中，国家进一步提出加快发展混合所有制经济，推进国有企业股权多元化改革，建立政府和社会资本合作机制。财政部按照国务院统一部署，于2014年承担起了牵头"推广运用政府与社会资本合作模式（PPP），鼓励社会资本参与基础设施和公共服务等的投资和运营"的任务，并正式成立PPP工作领导小组和财政部政府和社会资本合作中心。表1-1列出了自2013年以来，我国在推广应用PPP模式过程中所出台的一系列制度和相关重大事项。

表1-1  推广应用PPP模式的政策、制度和重大事项

| 时间 | 政策/法规/会议 | 重点内容 |
| --- | --- | --- |
| 2013.11 | 《中共中央关于全面深化改革若干重大问题的决定》 | 提出"允许社会资本通过特许经营等方式参与城市基础设施投资和运营"，让市场在资源配置过程中发挥决定性作用 |
| 2014.04.30 | 《关于2014年深化经济体制改革重点任务的意见》 | 提出加快发展混合所有制经济，推进国有企业股权多元化改革，建立政府和社会资本合作机制 |

续表

| 时间 | 政策/法规/会议 | 重点内容 |
| --- | --- | --- |
| 2014.05 | 财政部正式成立PPP工作领导小组 | |
| 2014.08.31 | 《预算法》 | 提出建立跨年度预算平衡机制，实行中长期财政规划管理，为实施长周期的PPP项目铺平了道路 |
| 2014.09.21 | 《国务院关于加强地方政府性债务管理的意见》 | 通过"推广使用政府与社会资本合作模式"，加快建立规范的地方政府举债融资机制 |
| 2014.09.23 | 《关于推广运用政府和社会资本合作模式有关问题的通知》 | 为PPP项目提供了更有力的财政支持 |
| 2014.10.23 | 《地方政府存量债务纳入预算管理清理甄别办法》 | 提出认真甄别筛选融资平台公司存量项目，对适宜开展政府与社会资本合作（PPP）模式的项目，要大力推广PPP模式 |
| 2014.10.24 | 国务院常务会议 | 李克强总理表示将积极推广政府与社会资本合作（PPP）模式 |
| 2014.10.28 | APEC财长会议 | 正式宣布财政部成立PPP中心 |
| 2014.11.26 | 《国务院关于创新重点领域投融资机制鼓励社会投资的指导意见》 | |
| 2014.11.29~2014.11.30 | 《关于印发政府和社会资本合作模式操作指南》和《关于政府和社会资本合作示范项目实施有关问题的通知》 | |
| 2014.12.30 | 《关于规范政府和社会资本合作合同管理工作的通知》 | 发布PPP项目合同指南（试行），指导规范PPP合同管理工作 |
| 2014.12.31 | 《政府采购竞争性磋商方式管理暂行办法》和《PPP项目政府采购管理办法》出台 | |
| 2015.02.01 | 《中共中央国务院关于加大改革创新力度加快现代化建设的若干意见》 | 指出对于政府主导、财政支持的农村公益性工程和项目，可以采取购买服务、政府与社会资本合作等方式，引导企业和社会组织参与建设、管护和运营 |
| 2015.04.07 | 出台《PPP项目财政承受能力论证指引》 | 包含PPP项目物有所值评价指引、PPP项目财政收支预算管理办法等内容 |
| 2015.05 | 《关于在公共服务领域推广政府和社会资本合作模式的指导意见》 | 保证社会资本和公众共同受益，通过资本市场和开发性、政策性金融等多元融资渠道，吸引社会资本参与公共产品和公共服务项目的投资、运营管理，提高公共产品和公共服务供给能力与效率 |

续表

| 时间 | 政策/法规/会议 | 重点内容 |
| --- | --- | --- |
| 2015.06.25 | 《关于进一步做好政府和社会资本合作项目示范工作的通知》 | 加快推进政府和社会资本合作（PPP）项目示范工作，尽早形成一批可复制、可推广的实施范例，助推更多项目落地实施 |
| 2015.08.03 | 《国务院办公厅关于推进城市地下综合管廊建设的指导意见》 | 推进城市地下综合管廊建设，统筹各类市政管线规划、建设和管理，解决反复开挖路面、架空线网密集、管线事故频发等问题 |
| 2015.10.11 | 《国务院办公厅关于推进海绵城市建设的指导意见》 | 加快推进海绵城市建设，修复城市水生态、涵养水资源，增强城市防涝能力，扩大公共产品有效投资，提高新型城镇化质量，促进人与自然和谐发展 |
| 2015.12.08 | 《关于实施政府和社会资本合作项目以奖代补政策的通知》 | 以奖代补方式支持PPP项目规范运作，保障PPP项目实施质量 |
| 2015.12.18 | 《PPP物有所值评价指引（试行）》 | 从物有所值评价准备、定性评价、定量评价等方面进行了明确，保障项目物有所值评价工作规范有序开展 |
| 2015.12.21 | 《关于对地方政府债务实行限额管理的实施意见》 | 提出取消融资平台公司的政府融资职能，推动有经营收益和现金流的融资平台公司市场化转型改制，通过PPP、政府购买服务等措施予以支持 |
| 2015.12.26 | 《关于财政资金注资政府投资基金支持产业发展的指导意见》 | 旨在发挥财政资金撬动功能，创新融资方式，就财政资金注资设立政府投资基金支持产业发展，带动社会资本参与投资 |
| 2016.02.06 | 《关于深入推进新型城镇化建设的若干意见》 | 提出根据经营性、准经营性和非经营性项目的不同特点，采取更具针对性的PPP模式，加快城市基础设施和公共服务设施建设 |
| 2016.03.09 | 中国PPP融资支持基金创立大会在京召开 | 中国政企合作投资基金股份有限公司的成立对于完善PPP模式，用好引导基金，依法严格履行合同，充分激发社会资本参与热情有重要意义 |
| 2016.05.28 | 《关于进一步共同做好政府和社会资本合作（PPP）有关工作的通知》 | 从稳妥有序推进PPP工作；进一步加强协调配合；扎实做好PPP项目前期工作；建立完善合理的投资回报机制；着力提高PPP项目的融资效率；强化监督管理；加强PPP项目信息公开等七个方面对进一步做好PPP有关工作做出了指示 |

续表

| 时间 | 政策/法规/会议 | 重点内容 |
| --- | --- | --- |
| 2016.07.01 | 《关于进一步做好民间投资有关工作的通知》 | 提出要努力营造一视同仁的公平竞争市场环境，为社会资本参与PPP项目，提供一个良好的竞争平台和融资途径 |
| 2016.07.05 | 《关于深化投融资体制改革的意见》 | 提出加快推进铁路、石油、天然气、电力、电信、医疗、教育、城市公用事业等领域改革，规范并完善PPP、特许经营管理，鼓励社会资本参与 |
| 2016.09.24 | 《政府和社会资本合作项目财政管理暂行办法》 | 加强PPP项目财政管理，规范财政部门履职行为，保障合作各方合法权益 |
| 2016.09.24 | 《普惠金融发展专项资金管理办法》 | 通过以奖代补的方式支持政府与PPP项目规范运作，保障项目实施质量，将PPP项目以奖代补作为普惠金融发展的专项资金的使用方向之一 |
| 2016.10.11 | 《关于在公共服务领域深入推进政府和社会资本合作工作的通知》 | 统筹推进公共服务领域深化PPP改革工作，在垃圾处理、污水处理等公共服务领域，各地新建项目要"强制"应用PPP模式 |
| 2016.10.27 | 《"十三五"控制温室气体排放工作方案的通知》 | 提出积极运用PPP模式及绿色债券等手段，支持应对气候变化和低碳发展工作 |
| 2016.11.09 | 《地方政府一般债务预算管理办法》 | 规范地方政府一般债务预算管理 |

### （三）融资方式的演进

融资，即资金的融通，是指当事人利用各种方式到金融市场上筹集资金的行为。从产业革命初期开始伴随企业这一组织形式起步发展而来的传统融资（企业融资）形式，到为适应国际经济形式的深刻变化、企业制度变革和新兴项目发展需求而产生的项目融资形式，融资方式也在逐渐发展和变化。下面就PPP项目中最常见的两种融资方式，企业融资和项目融资分别进行分析。

#### 1. 企业融资

企业融资是指企业从自身生产经营现状及资金运用情况出发，根据企业未来经营与发展策略的需要，通过一定的渠道和方式，利用内部积累或向企业的投资者及债权人筹集生产经营所需资金的一种经济活动。因此，企业融资方式从来源上可以分为内源融资和外源融资。[1]

---

[1] 徐涛，万解秋. 现代企业融资理论的发展轨迹[J]. 经济学动态，2002（3）：57-60.

内源融资主要是指将企业内部生产经营活动产生的现金流量转化为企业的投资，即将留存收益和折旧作为企业扩大规模的资金进行投资的过程，内源融资不需要企业支付利息或者股息，成本比较低，并在股权结构不变的前提下，实现企业的融资目的。内源融资一般取决于企业的盈利能力和利润水平，具有低风险性、低成本性和自主性的特点，是促进企业不断发展壮大的重要因素，往往作为企业首选的融资方式，一般当内源融资获得的资金无法满足企业需求时，企业才会通过外源融资方式获得资金。

外源融资主要是指从企业外部获得企业发展的资金，并转化为自身投资的过程，一般按产权关系可以将外源融资划分为权益融资和债务融资。其中权益融资又可以分为私募股权和公募股权，私募股权是指向特定的投资者发行股票而筹集资金的过程，公募股权是指向社会公众发行股票而筹集资金的过程，权益融资不需要到期还本付息，没有偿还资金的压力，一般被称为企业的永久性资本。债务融资又可分为银行贷款、公司债、融资租赁、商业信用等，除靠企业间的商业信用进行的短期融资外，其他债务融资一般都要求企业定期还本付息，企业面临的压力较大，融资成本较高，而企业的财务风险也主要来源于债务融资。外源融资中企业筹得的资金往往远远高于内源融资，尤其是需要筹集大量资金的企业，单纯的内源融资无法筹集企业所需要的全部资金，就会采取外源融资的方式。

### 2. 项目融资

随着我国社会的不断进步，大众对于基础设施、公用事业的需求迅速增长，项目建设运营和管理方面的资金缺口也越来越大。而城镇化发展和"一带一路"建设更是进一步拉高了国家对资金的需求。为了更好地缓解传统投融资方式在资金供给方面的迟缓无力问题，同时有效化解完全依赖政府投资的资金困局，近年来，项目融资方式开始逐步兴起。

与企业融资相比，项目融资具有一些不可比拟的优势，如无追索或有限追索、允许有较高的债务比例、享有税务优惠、可以实行多方位融资等。[①]

从狭义角度来理解，项目融资可解释为"通过项目来融资"，或者理解为通过该项目的期望收益或现金流量、资产和合同权益来融资，且债权人对借款人抵押资产以外的资产没有追索权或仅有有限追索权。

按照 FASB（美国会计准则委员会）的理解："项目融资是指对需要大规模资金的项目而采取的金融活动。借款人原则上将项目本身拥有的资金及其收益作为还款资金来源，而且将其项目资产作为抵押条件来处理。该项目所有者的一般性信用能力通常不被视作重要因素来考虑。这是因为其项目主体要么是不具备其他资产的企业，要么对项目主体的所有者（母体企业）不能直接追究责任，两者必居其一"。

总之，能以项目融资方式获取资金的项目必须具有以下特征：经济上有一定的独立性、项目本身产生的现金流足够还本付息、法律上有一定的独立性、项目有明确的

---

① 马秀岩，卢洪升. 项目融资 [M]. 东北财经大学出版社，2002.

目标而且常常有限定的运营期。此外，项目融资的各种手续、谈判与合同都比较复杂，因此，并不是所有项目都适合采用项目融资方式，只有满足规模比较大、收益比较稳定、长期合同关系比较清楚等前提条件，项目融资才有发挥作用的空间。

**3. 两者的区别**

对企业融资和项目融资来讲，两者的差异，主要体现在融资基础、追索程度、风险分担、本贷比、会计处理等方面，表1-2是项目融资与企业融资在几个重要方面的比较。

表1-2　　　　　　　　　　项目融资与企业融资的比较

| 要素 | 项目融资 | 传统融资/企业融资 |
| --- | --- | --- |
| 融资基础 | 项目的收益/现金流量（债权人最关注项目收益） | 债务人/发起人的资产和信用 |
| 追索程度 | 有限追索（特定阶段或范围内）或无追索（现实中很难实现） | 完全追索（用抵押资产以外的其他资产偿还债务） |
| 风险分担 | 所有参与者 | 集中于债务人/担保者 |
| 资本金和贷款比例 | 可实现企业高杠杆比率 | 企业资本金要求比较高 |
| 会计处理 | 可能为资产负债表外融资，此时债务不出现在发起人（母公司）的资产负债表上，仅出现在SPV公司（子公司）的资产负债表上 | 债务是债务人/发起人债务的一部分，出现在其资产负债表上，即俗称的合并财务报表 |

## （四）PPP模式融资的概念解析

**1. PPP模式的功能多元性**[①]

正如对PPP的定义各有不同一般，对于PPP融资一词的认识，人们也常有不同的理解。有观点认为，PPP融资更多强调的是项目融资，也有人认为，PPP融资是指利用PPP模式为项目融资，还有人把PPP融资直接等同于PPP。但从目前我国利用PPP模式推动政府部门和社会资本合作的整体思路来看，PPP模式更多的是强调功能多样性。因此本书所谓的PPP融资侧重于PPP模式中融资功能的实现，即如何为PPP模式融资。而PPP模式本身则具有多元化的功能，包括了：

（1）基本功能——管理职能：计划、组织、领导和控制。计划主要包括定义组织目标，制定全局战略以实现这些目标，开发一个全面的分层计划体系以综合和协调各方，为管理者指明方向。当所有相关人员了解了组织的目标和为达到目标他们必须做

---

① 中华人民共和国财政部. 公私伙伴关系PPP的概念、起源、特征与功能.

出什么贡献时，就会开始协调他们的活动，互相合作，以减少重复性和浪费性的活动，提高效率。

计划可分为正式计划和非正式计划。在PPP项目中，通常正式计划是政府部门和社会资本共同制定并以契约方式认可的，通过计划可以清楚地看到政府部门和社会资本的共同目标及之后政府部门与社会资本的各自目标。在政府部门和社会资本合作过程中，每一个时期都有具体的目标，这些目标被郑重且清晰地确认，并被双方知晓。也就是说，每一个参与PPP项目的组织或个人都明确整个PPP项目想要达到的目标以及如何实现这些目标。

组织一般由组织结构、组织与职务、人力资源管理、变革与创新的管理等要素组成。组织结构描述组织框架及组织机构，对PPP项目而言，有些项目会以原来的组织机构为基础，不再设立新的组织机构。在新设立的组织机构中，一般会由政府部门和社会资本双方人员共同组成，根据合同要求安排相应的管理职位。

领导包含两个方面的内涵：一个是动词——领导；另一个是名词——领导者。这方面PPP也有着不同于一般管理模式的特点。在SPV公司中，领导层依据持有股份来设置，决定权在股份持有者较多手中。但若出现股份持有均等的情况，领导层的设置更为灵活，甚至轮流当职都可以。这体现了在PPP管理模式中，领导职能的特殊作用和创新形式。

控制可以定义为，监视各项活动以保证它们按计划进行，并纠正各种重要偏差的过程。一个有效的控制系统可以保证各项行动是朝着实现组织目标方向的。控制系统越完善，管理者实现组织的目标就越容易。控制过程一般可分为三个步骤：第一是衡量实际绩效。在PPP管理过程，控制职能表现得更为明显，无论是政府部门还是社会资本都在时刻衡量实际绩效。社会资本衡量实际产生的收益（投资回报）如何，而政府部门衡量的是社会公众的反应如何。第二是将实际绩效与标准进行比较。在这个过程中，社会资本更多地在考虑实际产生的绩效与以往其他的项目进行比较。而政府部门则将实际取得的绩效与合作前进行比较。第三是采取管理行动来纠正偏差或不适当的标准。采取相应的管理行动纠正偏差。尽管计划可以制订出来，组织结构可以调整得非常有效，员工的积极性也可能调动起来，但是这仍然不能保证所有的行动都按计划意图执行，不能保证管理者追求的目标一定能达到。因此控制是非常重要的，因为它是管理职能环节中最后的一环。

（2）特殊功能——融资、利用新技术和机制创新[①]。PPP作为一种新型模式，它不仅仅具备了管理的一般职能，还兼具融资、利用新技术和机制创新的职能。

融资职能是人们对PPP最早的认识，直到现在还有不少人认为PPP就是一种融资模式。PPP兴起之初，其主要目的就是为基础设施融资，具体形式较多地表现为公路建设、铁路建设的融资。政府在建设公路、铁路等基础设施时，常常通过吸收社会资本来解决资金不足，而社会资本则通过收费的形式收回投资。这种融资功能的发挥，

---

[①] 贾康. PPP机制创新牵一发而动全身 [DB/OL]. 财新网，2015－09－25.

加大了人们对 PPP 模式应用的兴趣和热情。随后，PPP 融资功能被不断地运用到基础设施的建设运营以及公共服务的各个方面，如自来水提供、污水处理、隧道建设、公共卫生与医疗、基础教育等。政府部门在不同的领域，通过社会资本为社会提供公共产品和服务，有效弥补了政府向社会提供公共产品和服务过程中资金的不足。

新技术包含两层意思：一是生产方面的技术；二是管理方法的技术。之所以说利用新技术是 PPP 模式的一个职能，是因为通过 PPP 模式在为政府部门提供融资的同时，也为政府部门带来了社会资本基于其活力而开发的新的生产技术和管理技术，从而大大提高提供的公共产品和服务的效率和水平，并在不增加公众负税的基础上，凭"使用者付费"机制，更大限度地满足了社会公众的需要。

机制创新功能，在中国改革开放以来的经济社会追求"后来居上"的现代化赶超过程中，具有特别的意义和作用。这一功能的主要指向，是在经济社会生活中，对机制转换、制度创新和资源配置效益提升起着促进作用。PPP 本质是政府和社会资本合作，合作的结果便是形成了优于计划和市场单独作用的新型管理体制和运行机制。计划往往更注重平均，从而损失了效率，而市场通常更注重效率，从而损失了平均。PPP 管理模式注重的是公平与效率的有机结合。在尽可能小地损失效率的情况下，实现社会发展中的公平，同时在尽可能小地损失公平的情况下提高经济资源特别是政府部门资源的使用效益和综合效率。

### 2. 重新定义概念

基于对 PPP 概念的梳理和功能的分解，以及对融资方式演进的回顾，我们对 PPP 融资的内涵有了更为清晰的认识。所谓 PPP 融资（或者说 PPP 项目的融资）是为保障 PPP 项目的顺利开展而通过各种合法方式在项目设计、建设、运营、维护、移交等各环节安排融资方案及实现融资的总称。

## 二、PPP 模式融资的特征、目标与应用条件

### （一）PPP 模式融资的特征[①]

#### 1. 具有很强的项目融资的特性

PPP 模式融资多是以项目为主体进行，这种方式不依赖于项目投资人或发起人的资信状况及其有形资产，而是根据项目的预期收益、现金流量和项目资产价值安排融资内容，项目各因素直接影响融资的结构和进程。

---

① 张喆，万迪昉，贾明. PPP 三层次定义及契约特征 [J]. 软科学，2008，22 (1)：5-8；贾康，孙洁. 公私伙伴关系模式的特征与职能 [J]. 经济纵横，2009 (8)：7-10.

### 2. 不排除企业融资的应用

虽然 PPP 模式融资在很大程度上表现出极强的项目融资特点，但这并不影响企业融资模式的应用。企业利用其自身的资信来为 PPP 项目进行融资，会在一定程度上增强项目的融资吸引力，而且更为当前我国的金融机构所接受，能有效提高融资成功的概率。

### 3. 目的在于实现 PPP 模式的核心价值

无论是项目融资还是企业融资，都需根据 PPP 项目的实际情况来选择合适的融资方式，提高地方政府和社会资本的参与积极性，优化各自的资金使用效率，以实现 PPP 模式的核心价值：优化资源配置，为社会提供更高效的公共产品和服务。

## （二）PPP 模式融资的目标

PPP 模式强调的是政府和社会资本间的合作，因此 PPP 模式融资的目标也需要分别从政府和社会资本这两个不同的参与主体的角度进行分析。[①]

### 1. 政府部门角度

（1）低层次目标——满足基础设施建设和服务的资金需求。政府推动 PPP 项目，主要目标在于增加公共产品数量，提升服务质量，满足社会大众的需要。对政府部门而言，PPP 模式融资的短期目标在于满足基础设施建设和服务的资金需求。我国城市基础设施领域的发展具有十分明显的特点。一方面，要大量建设新的城市基础设施，以适应城市不断扩张和城市新兴产业发展的要求。另一方面，必须对原有城市基础设施进行必要的维护和改造，以保证其正常的运转。如果所需资金都需要政府提供，会让政府难以为继。因此，必须在现有基础上通过引入社会资本，从而大幅度缓解新建、维护和改造城市基础设施对地方政府造成的资金压力。

（2）高层次目标——财政资金和社会资本的有效利用。从长远角度来看，PPP 模式融资功能的发挥，有助于政府部门实现财政资金和社会闲置资本的有效利用。一方面，它可以减少政府财政的负担，使政府有限的财政资金投入到更需要公共资金的领域；另一方面，又可以提高整个社会的资金利用效率，使得全社会的资源配置更加优化。PPP 模式在为政府部门提供融资的同时，也为政府部门带来社会资本的新生产技术和管理技术，从而大大提高公共产品和服务提供的效率和水平，实现了资源的优化配置。

### 2. 社会资本角度

（1）低层次目标——获取利润，扩展企业业务范围。社会资本的短期决策是建立

---

① MBA 智库百科．PPP 模式简介［EB/OL］．http：//wiki.mbalib.com/wiki/PPP% E6% A8% A1% E5% BC% 8F．

在利润最大化的基础上的。随着规模的扩大，企业会追求更稳定的可持续发展。而基础设施项目投资规模大、现金流量充足、收益回报稳定的特点正好满足这种需求。政府部门向社会资本敞开基础设施投资的大门，使得社会资本能在PPP项目中获得利润，并有机会进入全新领域，扩展企业的业务范围，增强企业实力。

就目前全球尤其是国外情形来看，社会资本对基础设施行业及公共服务行业的投资表现出浓厚兴趣，且已经部分开始从中获得收益。

（2）高层次目标——增加市场份额，实现市场资金在行业内的合理分配。一方面，企业参加PPP项目的融资可以增加该企业产品与服务的知名度，提高企业在市场的竞争力，有利于企业长期稳定发展。另一方面，企业通过自身资金或吸引外部资金参与到PPP项目中，使市场资金在行业内能够得到更合理分配，实现产业链上下游紧密对接。

总的来讲，PPP模式强调政府部门和社会资本合作，通过PPP模式融资功能的发挥，不仅可以有效地克服市场经济中容易出现的政府部门投入激励机制不足及社会资本在提供公共产品和服务的方面袖手旁观的问题，而且能够让各方达到比预期单独行动更为有利的结果，实现帕累托效应最优（即社会效益最大化）。

### （三）PPP项目的融资应用条件

在实践中，评估一个PPP项目的融资的可行性，主要从以下三方面进行考量[①]：

第一，选择PPP模式运作该项目是否能够有效提高项目的融资效率。尽管传统模式和PPP模式均有为项目的建设、运营、管理、维护融通资金的功能，但针对不同类型的项目，这两种项目运作模式在资金筹集方面却有着很大区别，尤其体现在融资成本和融资效率上。

第二，项目物权的最终归属是否清晰且可行。PPP项目在运作过程中，有些项目中的所有权和经营权通常是分离的，在成立SPV公司的情形下，社会资本也应享有部分物权。由于PPP项目大多属于公共事业类项目，带有很强的公益性，加之我国社会主义的制度背景，社会资本享有物权的比例和保障情况，会对社会资本自身资金投入以及开展进一步融资产生重要影响。如果社会资本的物权无法保障，将直接影响项目的融资成本和资金风险，甚至导致合作破裂。

第三，政府和社会资本的权利与义务是否明确、完整且合理。PPP项目的实施需要清晰完整的法律保障，以界定政府和社会资本的责任和义务，保障双方权益。由于PPP模式涵盖项目设计、融资、建设、运营、维护和移交等各个阶段，涉及政府、社会资本和社会公众等多方利益，且各方利益具有相对独立性，尤其这些利益又多围绕项目的融资以及后续资金流转展开，因此，各利益相关方需要明确各自在项目的融资方面的责、权、利，以使社会资本方风险可控、收益可期。

---

① 陈建平，严素勤，周成武等. 公私合作伙伴关系及其应用 [J]. 中国卫生经济，2006，25（2）：78-80.

## 三、PPP 模式融资的作用和意义

### （一）PPP 模式融资的作用

如前所述，PPP 不仅是政府部门和社会资本之间一对一的合作，更是在公共服务领域中，多个利益相关方责、权、利的契合纽带，而这一纽带作用又以 PPP 融资功能的实现为核心，以此为其他功能的发展提供基础保障。从各利益相关方来看，PPP 融资作用的体现主要包括以下方面[①]：

**1. 政府角度**

对于政府来说，PPP 模式融资的作用在于：首先，拓宽了资金来源，引进本国社会资本甚至外资参与，减少了当期政府的财政支出和债务负担，加快了公共基础设施的发展；其次，降低政府风险，在 PPP 模式下政府无须承担项目的设计、融资、建造和经营等方面的风险，而将此类风险转移给了社会资本方；再次，激励和发挥了社会资本的能动性和创造性，提高了项目建设、经营、维护和管理的效率，引进了先进的管理和技术，进而带动企业管理水平的提高；另外，它还有助于社会资源的合理利用，避免了无效益项目的开工或重复建设；最后，PPP 模式融资有利于推进国民经济、金融资本市场和法律体系的发展和完善。

**2. 社会资本角度**

对于社会资本来说：首先，PPP 模式融资充分利用了项目经济状况的弹性，减少了资本金支出，以实现"小投入做大项目"或"借鸡下蛋"；其次，PPP 模式融资拓宽了项目资金来源，减少借款方的债务负担；再次，它提高了社会资本方（SPV 公司）的谈判地位，并可以将特定的风险转移给放贷方（有限追索权），加上其他风险管理措施合理分配风险，有利于社会资本在控制经济的基础上最大化自身收益；最后，PPP 模式融资可以为承包商、建设商及运营商创造更多商业机会。

**3. 债权人角度**

对于债权人来说，PPP 模式融资也有一定价值：首先，PPP 模式融资让债权人在承担同样风险时，能获得较高的收益，便于债权资金的回收；其次，由于 PPP 项目在融资时往往只需评估项目本身，因此便于评估借款方信用风险；最后，大量稳定现金流的优质项目的出现，也为债权人提供了良好的业务扩张机会。

---

① 王丽娅. PPP 在国外基础设施投资中的应用及对我国的启示 [J]. 海南金融，2004（11）：36–40.

## （二）PPP 模式融资的意义[①]

当前，我国正在推动"一带一路"和新型城镇化发展战略。这不仅是我国实现社会主义现代化建设的必然要求，而且也是"稳增长、促改革、调结构、惠民生"的重要手段。立足国内实践，借鉴国际成功经验，推广运用 PPP 模式，充分发挥 PPP 模式的融资功能，不仅能为国家确定的重大经济改革任务、为新型城镇化建设和"一带一路"建设提供资金保障，更有利于提升国家治理能力，尤其是提升财政资金的使用效率，构建现代财政制度，化解政府债务压力和风险。

### 1. 盘活民间资本存量，解决城镇化和"一带一路"建设资金需求

中共十八届三中全会提出，完善城镇化健康发展体制，坚持走中国特色新型城镇化道路，推进以人为核心的城镇化，推动大中小城市和小城镇协调发展、产业和城镇融合发展，促进城镇化和新农村建设协调推进。推进城市建设管理创新，建立透明规范的城市建设投融资机制，允许地方政府通过发债等多种方式拓宽城市建设融资渠道，允许社会资本通过多种方式参与城市基础设施投资运营。根据财政部的相关测算和预判，到 2020 年我国城镇化的投资需求约 42 万亿元，主要包括经济基础设施（供水、交通、能源等）和社会基础设施（社保、养老、户籍等）。[②] 对于地方政府而言，如何筹措资金是新城镇化建设亟须解决的问题。同时，老龄化是伴随城镇化的另一个现实挑战，通过 PPP 模式吸引社会资本成为新城镇化融资的重要渠道，也为整个社会所要求的养老及医疗等相关公共服务的有效供给提供了重要保障。

2013 年，国家主席习近平提出建设"一带一路"经济带构想，旨在与经济带沿线的各国携手打造政治互信、经济融合、文化包容的利益共同体、命运共同体和责任共同体。实现这一共同体的愿景，需要不断完善区域基础设施，形成安全高效的海陆空通道网络；构建高标准的自由贸易区网络，提升投资贸易便利化水平，增强国家间的经济联系，深入政治互信程度。该战略覆盖区域广、涉及跨境投资领域多元、项目结构复杂、参与主体繁多，而具体实施这个战略需要基础设施先行，但各国基础设施建设不平衡，中低收入国家的基础设施严重滞后，各国基础设施建设过程中会面临巨大的资金缺口问题。解决"一带一路"基础设施建设投资资金不足的问题，不仅要靠政府部门的先导作用，也要充分调动社会资本的积极性。2014 年 12 月 24 日国务院常务会议已明确指出，"一带一路"战略需要采取 PPP 融资方式等带动社会资本，吸收社会资本参与，采取债权、基金等形式，为"走出去"企业提供长期外汇资金支持。

推广 PPP 模式融资是促进经济转型升级、支持新型城镇化建设、完善"一带一路"建设的必然要求。政府通过 PPP 模式向社会资本开放基础设施和公共服务项目，

---

[①] 王健. 基础设施建设引入 PPP 模式的研究 [D]. 济南：山东大学，2010.
[②] 财政部料 2020 年城镇化率达到 60% 投资需求 42 万亿元人民币 [DB/OL]. 凤凰财经网，2014 – 03 – 21.

可以拓宽融资渠道，为城镇化和"一带一路"建设构建多层次、多元化、多主体、可持续的融资模式。有利于整合社会资源，盘活社会存量资本，激发民间投资活力，拓展企业发展空间，提升经济增长动力，促进经济结构调整和转型升级。

### 2. 微观层面的"操作方式升级"（融资运营管理模式创新）

PPP 在发展初期主要聚焦于基础设施建设和运营方面的问题，具体形式较多地表现为路桥及污水处理设施等方面的建设和运营。政府在这些公共服务领域往往因资金不足，而让社会资本进行投资和运营，再由社会资本通过收费形式收回投资。随着这些领域 PPP 模式的成功应用，尤其是 PPP 融资功能的有效发挥，更多公共服务领域也开始在项目操作方式上进行升级，如公共卫生与医疗、基础教育、养老、环保等领域都出现了积极应用 PPP 模式、发挥 PPP 融资功能的趋势，以弥补政府向社会提供公共产品和服务过程中资金的不足。

发挥 PPP 模式的融资功能，政府以运营补贴等作为社会资本公共服务的对价，以绩效评价结果作为对价支付依据，不仅能有效提升财政资金的使用效率，更重要的是，通过强调竞争和市场化运营，可以让项目对政府、社会资本和其他利益相关方都实现物有所值。

### 3. 有效控制政府部门风险

截至 2013 年 6 月，我国地方政府有偿还责任的债务达到 10.88 万亿元，全国政府性债务规模（包括中央）更是高达 20.7 万亿元①，各级政府正面临越来越大的债务压力。目前，有些地方甚至出现了经营性和投资性净现金流为负、每年需额外举债覆盖利息支出的局面。面对庞大的政府债务规模，新《预算法》对地方政府举债做出明确规定："经国务院批准的省、自治区、直辖市的预算中必需的建设投资的部分资金，可以在国务院确定的限额内，通过发行地方政府债券举借债务的方式筹措。举借债务的规模，由国务院报全国人民代表大会或者全国人民代表大会常务委员会批准。省、自治区、直辖市依照国务院下达的限额举借的债务，列入本级预算调整方案，报本级人民代表大会常务委员会批准。举借的债务应当有偿还计划和稳定的偿还资金来源，只能用于公益性资本支出，不得用于经常性支出"，且"除前款规定及法律另有规定外，地方政府及其所属部门不得以任何方式举借债务，不得为任何单位和个人的债务以任何方式提供担保"。而大力推行 PPP 模式，发挥 PPP 融资功能，吸引社会资本和政府合作参与公共领域的服务，尤其是让社会资本接盘存量项目的运营维护和管理，不仅能让地方政府腾出更多精力和资金用于社会发展，更成为化解地方政府债务危机、保持地方经济稳定增长的有力推手。

此外，PPP 模式在项目实施过程中强调风险共担，通过"风险由最适宜的一方承担，旨在实现整个项目风险的最小化"（《关于印发政府和社会资本合作模式操作指南

---

① 各级政府负有偿还责任的债务 20 万亿元 [DB/OL]. 国家审计署网站，2013 - 12 - 30.

（试行）的通知》这一原则，把融资风险更多地赋予社会资本承担。而社会资本相对地方政府，对 PPP 项目的资金需求、资金获得和资金成本更为了解，对融资供给方的认识也更为深刻。因此，发挥 PPP 的融资功能会让项目更容易获得最合适的资金，降低项目融资风险，进而降低项目整体风险。

# 第二章 PPP模式融资理论

第一章通过对PPP模式融资概念的解读，以及PPP模式融资作用和价值的认识，让我们看到了发挥PPP模式融资功能的意义所在。对于PPP模式下项目的融资行为来讲，如何最大化地发挥融资功能的价值，进而实现PPP项目开发的初衷（即：充分发挥市场机制作用，提升公共服务的供给质量和效率，实现公共利益最大化），还需要理论的指引和支撑。

鉴于PPP模式下，项目的融资既可以利用传统方式（企业融资）达到，又可以充分利用PPP模式特有项目导向的特质，采取项目融资（Project Finance）的方法实现，所以本章在第一节首先回顾了传统融资方式的经典理论。在第二节中，对PPP模式相关理论展开仔细分析，便于读者更好地掌握PPP模式运用的正确思维。在此基础上，我们在第三节中着重分析了PPP模式下，项目的融资功能发挥有别于传统模式的重要领域——项目融资领域，并探究了项目融资理论及实践的发展情况。以便能够为大家更好地展现出整个PPP模式融资理论发展的脉络。

## 一、企业融资理论的基础

融资是指各种资金的社会性融通。而企业融资是指创业主体根据自身的生产经营状况、资金拥有状况及公司未来发展的需要，经过科学的预测和决策，通过一定的渠道和金融市场，运用合理方式，经济有效地筹措和集中资本的财务活动。企业为实现有效的融资，必须关注两方面问题：一是融资规模；二是融资比例（即所融资金中股权资金和债权资金的比例）。只有合理把握住这两点，才能在融通到生产经营活动所需资金的基础上，有效控制融资风险、降低融资成本。其中，融资规模取决于企业的投资规模、自身的财务状况以及法律有关规定等因素；而融资比例（资本结构）则更多会影响企业的筹资成本和财务风险状况，而且会随着企业的财务状况变化不断调整。因此，企业融资理论以企业资本结构的设计和选择作为研究的重点。

企业融资理论的研究大体可以分为三个体系[①]：一是以杜兰特（Durand，1952）为主的早期企业融资理论学派。二是以MM理论为中心的现代企业融资理论学派，此学

---

① 张宗新. 中国融资制度创新研究 [M]. 北京：中国金融出版社，2003.

派前面承接了杜兰特等人的观点,往后主要形成两个分支:一支是以法拉(Farrar,1967)、塞尔文(Shavell,1966)、贝南(Brennan,1978)等为代表的税差学派,主要研究企业所得税、个人所得税和资本利得税之间的税差与企业融资结构的关系;另一支是以巴克特(Betker,1978)、阿特曼(Alt-man,1968)等人为主的破产成本学派,主要研究企业破产成本对企业融资结构的影响问题,这两个分支最后再归结形成以罗比切克(Robichek,1967)、梅耶斯(Mayers,1984)、斯科特(Scott,1976)等人为代表的平衡理论,主要研究关于企业最优融资结构是取决于各种税收收益与破产成本之间的平衡。20世纪70年代以来,随着非对称信息理论研究的发展,诸多学者开始从不对称信息的角度对企业融资问题进行研究,形成了新优序理论、代理成本理论、控制权理论等在内的第三个学派体系。结合企业融资发展与特点,以下主要对MM理论、平衡理论、新优序列理论(啄食理论)、代理成本理论、控制权理论进行回顾。

## (一) MM理论

1958年,美国经济学家莫迪利亚尼与米勒在发表的《资本成本、公司财务与投资管理》一文中指出在完善的市场中,企业的融资结构选择与企业市场价值无关,称为MM理论。该理论开创了现代资本结构理论研究,得出"企业为实现财务管理目标的努力和投资者实现目标利益的努力相互制约,使企业实现市场价值最大化的努力最终被投资者追求投资收益最大化的对策所抵销,任何企业的市场价值独立于它的融资结构"的结论。在考虑了债务风险因素后,进一步得出"在无债务和债务水平较低的情况下,企业改变融资结构可以改变股权收益率,并且这种变化是随着企业负债率的提高而线性增加"的结论。[①]

1963年两位学者对该理论再次进行修正,放松了无税收的假定,证明了在企业所得税的作用下,企业通过调整融资结构,增加债务资产比例可以增加企业的市场价值。MM理论分析了企业融资决策中最本质的关系——企业经营者与投资者的目标和行为的冲突性和一致性,并由此奠定了现代企业融资结构研究的基础。[②]

但MM理论的结论与当时流行的观点相悖,引起了理论界的巨大反响,受到来自实践的严峻挑战。经研究发现,MM修正理论虽然考虑了负债带来的纳税利益,但却忽略了负债所导致的风险和额外费用,它只是接近现实但仍与现实不符,离实际经验还有很大差距。由于企业支付的债务利息可以计入财务费用,免缴企业所得税,形成节税利益,因此减轻了企业所得税负担,增加了公司净收益。股息支出和税前净利润则要缴企业所得税,从而导致了债券资本成本实际上要低于企业股权成本。财务杠杆效应的存在,使得企业的综合资本成本随着企业资本结构中公司债务比例的提高而降低,企业价值也将得以增加,这样企业的融资偏好选择债务方式就是合理的。由此推论,

---

[①] 周革平. 资本结构与公司价值关系研究——MM理论及最新进展概要[J]. 金融与经济, 2006 (3): 29-31.
[②] 许清淼. 论MM理论在中国的适用性[J]. 现代经济信息, 2009 (23): 11.

公司资本结构中债务比例与公司价值呈正相关关系,当债务资本在资本结构中趋近100%时,才是最佳的资本结构。但公司不可能无限制地负债,一方面,随着公司债务的增加,其违约风险就会增大,公司负债的无风险假设就不成立;另一方面,随着公司负债比率上升,债权人因承受更大的风险,会要求更高的利率回报,从而导致负债成本上升,筹资难度加大,这样也会限制公司过度负债。

综上所述,MM 理论对于开拓世人的视野,推动资本结构理论乃至投资理论的研究,引导人们动态地把握资本结构与资本成本、公司价值之间的关系,具有深远的意义。MM 理论因此被称学术界称为"革命性变革"和"整个现代企业资本结构理论的奠基石"[①]。

### (二) 平衡理论

从广义来看,整个企业融资理论体系就是一个完整的"平衡"体系,追求融资结构成本和权益的平衡。但这里的平衡理论指的是 20 世纪 70 年代中期综合 MM 理论分支形成的最优融资结构的理论。平衡理论又分为早期平衡理论和后期平衡理论。[②]

早期平衡理论认为企业的债务增加使企业陷入财务危机甚至破产,所以由于债务上升而形成的企业风险和费用制约了企业通过负债追求税收优惠和企业价值最大化的无限动力。因此,企业的最佳融资结构应该位于负债价值最大化和负债上升带来的财务危机成本以及代理成本之间的最优点,而 100% 的负债融资是不可能实现企业价值最大化的。换言之,正是这些约束条件(其中最重要的是破产机制)致使企业不可能实现 100% 的债权融资结构,理想的债务与股权比率就是税前付息的收益与破产及代理成本之间的平衡。这一理论也可以说是对 MM 理论的再修正,更接近实际。

相比之下,后期平衡理论对负债融资成本的探讨更加深入,不但涉及破产成本,还引入了代理成本、财务困境成本、非负债税收利益损失等概念。在后期平衡理论中,破产成本可以进一步分解为直接破产成本和间接破产成本,直接破产成本来自企业濒临停业时将发生律师、审计、资产评估等大量的非正常费用和存货、固定资产等需要快速变现的直接损失。间接破产成本来源于由于与企业相关的利益集团会在企业破产时纷纷采取保护措施,而这些措施会使得企业的困境雪上加霜,从而导致企业承担的另一种损失。不少企业行为容易导致间接破产成本的增加。首先,企业的供应商和客户会在企业发生财务危机时采取规避措施,直接影响了企业的正常生产经营,间接地增加了破产成本;其次,企业的债权人往往会出现"惜贷"现象或者要求更高的利息以补偿其承担的高投资风险;再次,企业投资者往往在企业发生财务危机时趁股价尚

---

① 张兆国,余伦,黄苏华. 西方现代资本结构理论的演进、评价与借鉴[J]. 财会通讯,2003(8):15 - 17.

② 朱德新,朱洪亮. 中国上市公司资本结构的选择——基于两种主要理论的检验[J]. 南方经济,2007(9):30 - 37.

未大幅下跌纷纷快速抛售股份，这种抛售会使得企业市场价值大幅下降，形成额外损失；最后，经理人员会在危机发生时采取大量的短期营救措施节约开支，如停止技术更新投入、降低产品质量以节约成本、贱价拍卖优质资产以获得短期偿债能力等，这些措施将间接吞噬企业的长期市场价值。可见，直接破产成本和间接破产成本的存在，对企业的大幅负债融资设立了刚性约束。此外，詹森（Jensen）和麦克林（Meckling）从破产成本和代理成本的角度进行了大量实证研究，证实企业的破产成本随企业负债融资的提高而加速上升，因此后期"平衡理论"的有效性和其理论分析的准确性在当时得到了广泛的肯定，其公式表达形式为①：

$$V(a) = V_u + TD(a) - C(a)$$

其中，V 代表负债企业价值，$V_u$ 代表无举债企业价值，TD 代表负债企业的税收利益，C 是破产成本，a 是负债企业的负债权益比。TD 和 C 都是 a 的增函数，当 a 比较小时，TD 的增长速度要高于 C 的增长速度；但随着 a 的增加，两者增长速度之间的差距越来越小；直到 a 增加到某个点时，TD 的增长速度等于 C 的增长速度，企业负债比例达到临界点，此时的企业价值最大。

总的来看，平衡理论考虑了存在公司所得税条件下负债抵税收益的正面效应，同时也注意到负债的财务成本和代理成本等负面效应，进一步揭示了负债与企业价值的关系。但平衡理论所揭示的企业价值最大化的资本结构是静态的，而实际上，每个企业的最优资本结构是动态的，它会随着企业的性质、时间和资本市场的变化而变化。②

### （三）新优序列理论

梅耶斯的新优序融资结构理论是最早系统地将不对称信息引入企业融资理论研究，梅耶斯（Myers，1984）在考虑了信息不对称的情况下提出了新优序融资理论。其基本理论为：

（1）企业将以各种借口避免通过发行普通股或其他风险证券来取得对投资项目的融资；

（2）为使内部融资能满足达到正常权益投资收益率的投资需要，企业必然要确定一个目标股利比率；

（3）在确保安全的前提下，企业才会计划通过向外融资以解决其部分资金需要，而且会优先发行风险较低的证券。该理论考察了不对称信息对融资成本的影响，发现这种信息会促使企业尽可能少用股票融资。因此，新优序融资理论的中心思想为偏好内源融资，如果需要外源融资，则偏好债务融资。③

---

① 岳宾. 中小企业融资模式与决策研究 [D]. 北京林业大学，2008.
② 赵祥. 西方企业融资结构理论的演进以及对我国的启示 [J]. 学术论坛，2005（2）：109-113.
③ 陈很荣，范晓虎，吴冲锋. 西方现代企业融资理论述评 [J]. 财经问题研究，2000（8）：62-66.

优序融资理论认为，信息非对称源于所有权和控制权的分离。非对称信息条件下，企业若选择发行新股筹集资金，往往被市场误解为其资金周转失灵，投资者会调低对现有股票和新发股票的估价，导致公司股票价格下跌。内源融资不仅可以避免外部融资造成的股票下跌，而且可以确保原有股东的利益。另外，内源融资不需要与投资者签订契约，无须支付各种费用，所受限制少，因而是首选的融资方式。

当内源融资不足以满足项目投资需求时，企业外源融资的最优选择应当是债务融资，最后再选择其他外部股权融资。企业将首先发行最安全的债券，其次是低风险债券，再次是高风险债券，最后在不得已的情况下才发行股票。因为一旦项目实现盈利，利用债务融资，债权人只能得到利息，原有股东将得到大部分盈利，另外，债务融资以企业资产为抵押，对企业价值的影响较小。

从新优序列理论角度来看，企业进行融资时，会像小鸟啄食一样，自然而然地形成一个资金渠道的选择顺序：先内源融资后外源融资；先间接融资后直接融资；先债券融资后股票融资。即，在内源融资和外源融资中首选内源融资；在外源融资中的直接融资和间接融资中的首选间接融资；在直接融资中的债券融资和股票融资中首选债券融资。

## （四）代理成本理论

代理成本理论是新融资结构理论的一个主要代表，用以分析企业的最优资本结构。詹森和麦克林（1976）定义代理成本为设计、监督和约束利益冲突的与代理人之间的一组契约所必须付出的成本，也包括执行契约时成本超出利益所造成的剩余损失。代理成本包括两种类型：一种是由股权融资形成的；另一种是由债务融资形成的。最优资本结构取决于所有者愿意承担的总代理成本。根据詹森和麦克林的理论，由于代理成本的存在，企业的市场价值下降，债务融资的成本增加，也就进一步增加了企业债务融资的难度。同时，也抑制了企业为追求债务融资的节税利益的愿望，形成企业最优融资结构模式，即企业价值最大化的点，也是债务的边际成本恰好抵销边际收益的点。因此，均衡的企业所有权结构是由股权代理成本和债权代理成本之间的平衡关系来决定的，企业的最优资本结构是两种融资方式的边际代理成本相等从而使总代理成本最小。[①]

公司中所有权与控制权分离，引起企业管理者与股东之间的关系就是一种典型的代理关系。企业管理者作为股东的代理人，仅仅持有部分股份或者不持有股份，其目标函数和股东利益之间会存在偏差，管理者往往不会按照股东利益最大化的目标采取行动，因此股权代理成本的存在将降低企业的价值。减少股权代理成本，一个显而易见的办法就是提高管理者在企业中的持股比例。

股东和债权人之间也存在委托代理关系，股东是代理人，债权人是委托人。股东

---

① Jensen M. C., Meckling W. H. Theory of the firm: managerial behavior, agency costs and ownership structure [J]. Journal of Financial Economics, 1976, 3 (4): 305 – 360.

首先发行所谓的低风险债券，再进行高风险投资，借此实现财富从债权人向股东的转移。由于股东对企业债务仅承担有限责任，投资高风险项目时，项目成功则债权人只得到事先约定的支付，并不会因项目获得高额收益而得到额外支付，股东却得到了全部的超额收益。而项目失败股东最多是以其在企业的全部投资额赔偿债权人。债权人在事前会理性地预计到股东可能会把资金投资于高风险项目，他们将直接要求提高债务资金的成本，或者在债务合同中加入各种限制性条款如较高的利率、资金使用的限制、流动资本的规定等，这类条款的加入不可避免地要产生相应的成本。因此，股东将因为自己的机会主义行为，最终承担这原由债权人承担的成本，从而降低了股权的价值。这种股权价值的降低是由于债务融资引起的，因此通常被称为债务融资的代理成本。

减少代理成本的核心就是研究和设计一种能自我约束的机制，以减少为克服经济活动中的非效率性而付出的成本。而通过债务的使用，就能够起到调动管理者积极性的作用，增加企业资本结构中债务的比重可以有效控制代理成本。詹森和麦克林在对股权和债权的代理成本进行分析的基础上得出的基本结论是，企业必须在债务的代理成本和股权的代理成本之间进行权衡，以使其所承担的总代理成本最小，而使企业承担的总代理成本最小的债务与股权比例就是最优融资结构。

### （五）控制权理论

控制权理论是以融资契约的不完全性为研究起点，以公司控制权的最优配置为研究目的，分析资本结构如何通过影响公司控制权安排来影响公司价值。它是产业组织理论的一个重要组成部分，该理论认为由于企业经理对控制权本身的偏好，他们就会通过企业融资结构的调整而影响企业的市场价值。阿洪和博尔顿（Aghion & Bolton，1988）将控制权理论引入资本结构研究中，他们认为资本结构不仅决定企业收入流的分配，而且决定企业控制权的分配，当契约不完备时，谁拥有控制权就对企业价值有更重要影响。如果进行债务融资，在企业家不能按期偿还债务的情况下，企业的剩余控制权将转移给债权人。这是最好的控制权安排，对于一个对企业控制权有偏好的经理来说，企业融资结构的顺序应该是：内部集资—发行股票—发行债券—银行贷款。但从有利于企业治理结构和建立约束监督机制来看，其融资结构的顺序刚好相反。由此，增大债券融资的比重是最优的选择。该理论有以下主要模型设计。

#### 1. Harris-Raviv 模型

1988 年，Milton Harris 与 Artur Raviv 在《财务经济学刊》发表的一篇题为《公司控制的竞争与资本结构》的论文中，联合提出了 Harris-Raviv 模型。Harris-Raviv 模型主要研究了有控制权的管理者投票权、负债与股权的比例和并购市场三者之间的关系，认为由于公司普通股享有表决权，在职管理者可以通过提高其持股比例来增大其投票权，从而增强对公司并购计划的控制能力。为此，假设管理者既可以通过其持有股份获得股权收益，又可以通过其控制权获得私人收益。在这种假设下，由于现任管理者及其竞争对手经营企业的能力不同，公司价值取决于并购市场的竞争，而这种竞争又要受到现任管理者持股比例的影响。因此，这就存在一个权衡取舍的问题：一方面随着在职管理者持股比例的提高，其掌握公司控制权的可能性就会增大，收益增加；另一方面如果现任管理者的持股比例太高，企业价值及经理股份价值就会减少，更有能力的潜在竞争者成功的机会变小，可能造成公司活力萎缩。现任管理者的最优持股比例便是他掌握控制权所带来的私人收益同其持有股份的价值损失相权衡的结果。这种权衡的结果实际上可以通过选择最优的负债水平来达到。可见，资本结构的选择既会影响经营者的持股比例及控制权，也会影响并购市场的竞争。[1]

### 2. Stulz 模型

R. Stulz 在 1988 年提出了 Stulz 模型，Stulz 模型研究了经理控制权与公司并购之间的关系，与 Harris-Raviv 模型十分相似。Harris-Raviv 模型以管理者的期望效用最大化为目标来确定最优控制权结构，与之不同，Stulz 模型是以投资者的期望收益最大化为目标来确定最优控制权结构。[2] 该模型的显著特点包括：

（1）高度强调管理者对表决权的控制在决定公司价值中的作用；
（2）突出管理者通过表决权的控制对收购方行为产生的影响；
（3）企业价值达到最大化时，存在一个最优的比例。

但 Stulz 模型仅单方面地涉及管理者对公司控制权市场的影响，而没有看到公司控制权市场反作用于管理者。

### 3. Aghion-Bolton 模型

1992 年，Aghion 和 Bolton 在不完全合约的基础上提出了一个与控制权相关的资本结构理论。他们认为企业本质上是一组契约，企业控制权的不同安排实际上是不同的契约安排。显然，在研究公司资本结构选择与控制权安排之间的关系时，要考虑公司控制权的契约本质。Aghion-Bolton 模型运用不完全合约理论，对经理人员与投资者之间最优控制权的安排进行了研究。该模型假设某公司可以获得在合同中明确规定的货币收益 y，而管理者可以获得一种不可证实的且不可转移的私人收益 x，投资者单纯追求货币收益，管理者同时追求货币和私人收益，两者将产生利益冲突。为抑制这种利益冲突，应实现总收益 y + x 最大化，若货币收益与总收益之间是单调递增关系，投资者单边控制便可以达到最优；若货币收益或私人收益与总收益之间不存在单调递增关系，控制权相机转移将是最优的，即管理者在公司经营状态好时获得控制权，反之企业破产投资者获得控制权。"控制权相机转移"是该模型的核心思想，重点关注了破产机制在契约中的作用。

---

[1] Harris M., Raviv A. The theory of capital structure [J]. The Journal of Finance, 1991, 46 (1): 297 - 355.
[2] Stulz R. M. Managerial discretion and optimal financing policies [J]. Journal of Financial Economics, 1990, 26 (1): 3 - 27.

**4. Hart 模型**

1995 年，Hart 在吸收了 Aghion-Bolton 模型的"控制权相机转移"的基础上，在契约不完全的条件下，引入"公司持续经营与公司被清算"的矛盾，研究了最优融资契约和相应的最优控制权结构。它的三个重要结论[①]是：

（1）发行带有投票权的普通股融资，股东掌握控制权；
（2）发行不带有投票权的优先股融资，经理人员掌握控制权；
（3）发行债券和银行借款融资，经理人员仍掌握控制权，但前提是按期偿还债务本息，否则会出现破产，控制权转移到债权人手中。

此外，该模型还发现，短期债务可控制经理人员道德风险，而长期债务（股权）支持公司扩张，因此最优资本结构要在两者之间权衡。

**5. 拉里夫曼模型**

上面几种模型都是研究债券和股票两种基本融资工具对公司控制权安排的影响，其他各种融资工具未做讨论，而拉里夫曼模型在这方面进行了探讨。

拉里夫曼模型比较分析了可转换债券混合所有权与标准债务，认为一个合理的可转换债券可使管理者在混合所有权下，更加努力并做出正确抉择。在资本市场多变的经济环境中，发行具有期权性质的公司债对于有效安排公司控制权，并改善委托代理关系影响颇大。

资本结构控制权理论发展的时间并不长，但对推动现代资本结构理论和控制权理论的发展应用做出了较大的贡献。深化了管理者对资本结构本质属性的认识，真正地把资本结构与公司治理结构有机联系在一起，使现代资本结构理论有了更加坚实的微观基础。

## 二、PPP 模式理论的发展

为了让读者更好地认识 PPP 模式，以便在发挥 PPP 项目的融资功能时，思路更为清晰，我们很有必要梳理一下 PPP 模式发展的理论依据。由于在政府和社会资本合作模式中，存在着政府、社会资本两个主体以及 PPP 项目本身这个客体，因此，PPP 模式理论也主要围绕这三方面展开。就 PPP 项目本身而言，主要涵盖公共设施和服务领域，具有公共品不可分割性、消费非竞争性和受益的非排他性的特性。因此，公共产品理论是 PPP 模式理论基础。

就政府部门角度来看，在采用 PPP 模式之前，大部分公共设施和服务项目都应由其供给，但这种供给明显存在效率低下、过度控制等问题。因此，新公共管理理论应

---

[①] Grossman S. J., Hart O. D. The costs and benefits of ownership: a theory of vertical and lateral integration [J]. The Journal of Political Economy, 1986: 691-719.

运而生，它要解决的问题是，在过度规范化、法制化和过多控制的情形下，如何提升政府的管理能力和改善政府的管理绩效。新公共管理理论把科学的企业管理方法引入到公共行政领域，对于提高政府工作效率有极大的促进作用。可以认为新公共管理理论是 PPP 模式理论的基本立足点。

民营理论强调调整政府与社会、市场之间的关系，将竞争机制引入政府公共服务领域核心思想。鼓励社会资本进入公共服务领域，打破政府垄断，提高公共服务质量和效率，缓解政府财政困难。近年来民营化逐渐成为改善政府行为的常用工具，并以此减小政府需要满足的社会公众对公共设施和服务的压力。

据国内外相关理论和实践证明，社会资本可以参与提供公共产品，且在一般情况下比政府部门更高效，但社会资本的提供是无法完全满足社会需求的。公共产品也无法像私人品一样可以通过竞争性的市场定价机制找到供给均衡点，因此政府不能完全放手而让社会资本来全部参与。所以在政府部门和社会资本合作的过程中，需要严格把握好各方"参与度"，以防出现市场失灵或政府失灵。

## （一）公共产品理论

公共产品是指既不可能也无必要对其消费加以排他的物品，抑或说是同时具有非排他性和非竞争性的物品。其表现出效用的不可分割性、消费非竞争性和受益的非排他性。

效用的不可分割性：公共产品是向整个社会提供、由整个社会共同受益和联合消费的。但在消费过程中可能存在被动性和强迫性。

消费非竞争性：产品一旦提供，任何人都可以消费，任何消费者不影响其他个人对同一公共产品的消费，因此边际成本为 0，如国防、灯塔等物品或服务。

受益的非排他性：在技术上没有办法将拒绝为之付款的个体排除在公共产品的受益范围之外。

这三个特性也是公共产品显著区别于私人产品的三个特征，但凡可由个别消费者所占有和享用，具有可分性、敌对性和排他性的产品就是私人产品。介于两者之间的产品称为准公共产品。图 2-1 展示了判断公共物品、私人产品及准公共品的主要步骤及流程。[①]

依据公共产品理论，我们可以看到 PPP 项目的效用面向整个社会，但在消费过程中存在被动性和强迫性，如交通运输类项目。PPP 项目在消费方面不存在竞争性，一旦供给产品或服务，任何人都可以无竞争消费。PPP 项目对于收益方也不存在排他性或排他性成本较低。因此 PPP 项目是典型的公共产品，符合公共产品理论。

PPP 项目作为提供公共产品和服务的供给载体，由于公共产品的特殊性质导致单由市场主体承担供给责任无法达到社会最优量，为政府承担公共产品供给责任提供了

---

① 程浩，管磊. 对公共产品理论的认识 [J]. 河北经贸大学学报，2002，23 (6)：10-17.

理论依据，但这并不意味着政府必须是公共产品和服务的直接供给主体。在 PPP 模式下，政府和社会资本基于比较优势有序分工，社会资本承担主要的融资责任，政府以财政资金股权投入、运营补贴等方式参与 PPP 项目运作的意义便在于：一是公共产品和服务领域投资风险大，政府参与其中可提振社会资本投资信心，为项目融资提供增信支持；二是以较少的财政投入撬动较大的社会资金，充分发挥财政资金的"杠杆效应"；三是政府参与 PPP 项目融资，以财政资金、国有资产等作价入股，有利于发挥其"股东"身份的作用，减少信息不对称的影响，更好进行监督，最终达到提升公共产品和服务供给质量和效率的目的。以公共产品理论的视角进行思考，有利于明确政府在 PPP 模式融资中的定位，厘清政府和社会资本在 PPP 模式融资方面的职责分工。

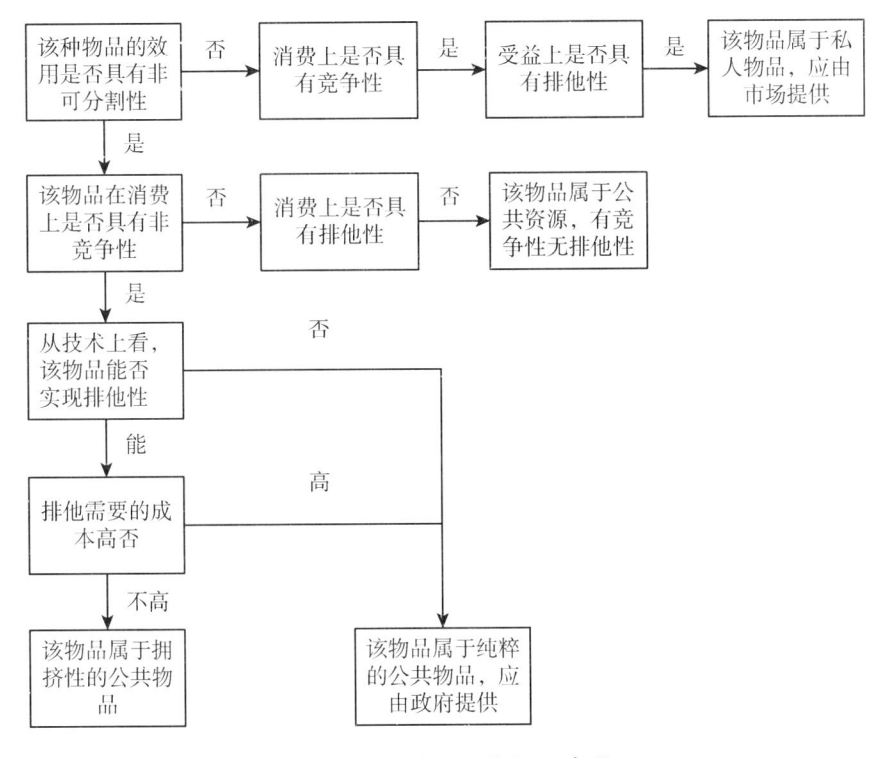

图 2-1 判断公共物品步骤

## （二）民营化理论

政府部门运用社会资本的力量满足公众需要的做法历史悠久。所不同的是自觉把民营化作为改善政府的行为——进而改善整个社会的工具，作为一种管理工具和治理理念还是近几十年的现实要求。

学术界推进民营化的先驱主要有米尔顿·弗里德曼、安东尼·唐斯以及彼得·德鲁克等。管理大师彼得·德鲁克在 1969 年首先提出了"重新民营化"概念，被认为是民营化的前奏。民营化的理论基础由米尔顿·弗里德曼奠定，而萨瓦斯的研究和著作，以及普尔于 1976 年创建延续至今的《民营化月讯》，对民营化也起了很好的推动作用。

英国前首相撒切尔夫人和美国前总统里根分别在执政期间所推行的一系列的民营化措施给业已形成的民营化运动以巨大的推动力。[①]

从狭义上来说，民营化作为一种政策，即引进社会资本进行市场激励，以取代对经济主体的随意的政治干预，从而改进一个国家的国民经济，这意味着政府取消对无端耗费国家资源的不良国企的支持，从国企撤资，放松规制以鼓励社会资本提供产品和服务。从广义上说，民营化是指"更多依靠社会资本，更少依赖政府来满足公众的需求"。它在产品和服务的生产以及财产的拥有方面，减少政府的作用，增加社会资本的作用。通过合同外包、特许经营、补助、凭单等形式把责任委托给在竞争市场中运营的社会资本；通过打破政府对公共服务提供者的垄断地位来改善绩效。打破垄断实现公共服务的市场化是一种全新的施政方式，这种施政方式开始改变政府供给公共服务、市场供给私人服务的二元分离格局，政府开始把市场机制引入公共服务的供给领域。从根本上来说，民营化所有形式的共同目标是：让社会资本承担重要的角色，少依赖政府来满足公众的需求。这与PPP模式的推行本意不谋而合。

民营化理论的基本要义可以概括为：（1）重新审视政府部门在公共服务中的角色，考虑在供给公共服务的过程中引入社会资本的力量。（2）针对政府在供给公共服务过程中存在的高成本、低效率和低质量等问题，通过实施民营化可以得到明显改善。（3）践行民营化理论，要实现的就是将部分公共服务的供给从依赖政府转向依赖社会资本。（4）供给公共服务的制度安排包括政府服务、政府间协议、政府出售、合同承包、补助、凭单、特许经营、自由市场、志愿服务和自我服务。应根据具体的PPP项目所处的不同环境和项目本身特点，对这些制度安排方式进行权衡和选择。

民营化理论的要义在于，正视市场主体在公共服务领域中的能动性和创造性，提高公共服务供给领域的市场化程度。PPP模式作为政府和社会资本在公共服务领域的一种市场化、社会化的创新供给方式，其供给理念推动包括融资环节在内的体制机制变革。一则，民营化理论强调"负面清单"管理，鼓励社会资本参与公共服务供给，吸引银行、社保基金、保险资本等市场主体积极参与，为PPP融资市场不断注入新活力，实现主体多元化。二则，民营化理论重视社会资本的能动性，推动社会资本在PPP融资模式方面的创新发展，促进包括基金、资产证券化等众多融资手段的发展，实现模式多样化。三则，融资主体与融资手段的发展进一步推动PPP资本市场蓬勃兴起，进而融入市场化改革进程，实现资本市场多层化。

## （三）新公共管理理论

新公共管理理论源于民营化和公共选择等理论，它的很多观点可以作为管理的一般准则通用于PPP模式中的政府部门和社会资本管理，譬如绩效评估、一站式服务、外包、问责和竞争的思想、改进财政管理的思想等。

---

① 肖兴志，陈艳利. 公用事业民营化改革：理论基础与政策选择 [J]. 经济社会体制比较，2004（4）：119-126.

自20世纪80年代初开始，西方各国掀起了一场声势浩大的政府改革运动——新公共管理运动。这场运动对西方公共管理尤其是政府管理产生了重大影响。与传统的行政管理理论不同，新公共管理思想主张在政府管理中采纳企业的管理方法来提高管理效率，在公共管理中引入竞争机制来提高公共服务的质量和水平，强调公共管理以市场或顾客为导向，重新调整国家、社会、市场三者的关系，用企业家精神的政府来代替官僚政府。

《布莱克维尔政治学百科全书》把新公共管理的内涵概括为："宁要小规模机构，而不要大规模机构；宁要劳务承包，而不要通过没有终结的职业承包而直接劳动；宁要提供公共服务的多元结构，而不要单一的无所不包的供给结构；宁可向使用者收费，而不把普通税金用于资助不具有公共利益的公用事业基础设施；宁要私人企业或独立企业而不是官僚体制作为提供服务工具。"[①]

结合中西方行政学者们的论述，新公共管理理论的基本思想可以做如下概括：

### 1. 政府的管理职能是"掌舵"而不是"划桨"

与传统公共行政管理中政府只是收税和提供服务不同，新公共管理主张政府在公共行政管理中应该只是制定政策而不是执行政策，即政府应该把管理和具体操作分开，政府只起"掌舵"的作用而不是"划桨"的作用。这样做的好处是可以缩小政府的规模，减少开支，提高效率。

在PPP模式中，政府部门应该看到一切问题和可能性的全貌，并且能对资源的竞争性需求加以平衡，社会资本则应专注于项目的执行。"掌舵"型组织机构需要发现达到目标的最佳途径。"划桨"型组织机构倾向于不顾任何代价来保住他们的行事之道。因此，在PPP模式中，高效的政府部门并不是一个"实干"的政府，也不是一个"执行"的政府，而是一个能够治理并且善于实行"治理"的政府，从而更好地从宏观上对PPP项目走势进行把控。

### 2. 政府服务以顾客或市场为导向

新公共管理从公共选择理论中获得依据，认为政府应以顾客或市场为导向，从而改变了传统公共行政模式下的政府与社会之间的关系，对政府职能及其与社会的关系重新进行定位。新公共管理理论认为，政府的社会职责是根据顾客的需求向顾客提供服务。市场不仅在社会资本中存在，也在政府部门内部存在。于是在新公共管理中，政府不再是凌驾于社会之上的、封闭的官僚机构，而是负有责任的"企业家"，公民则是其"顾客"或"客户"，这是公共管理理念向市场法则的现实回归。"企业家"在新公共管理思想中有其特殊的含义，作为"企业家"的政府并非以营利为目的，而是要把经济资源从生产效率较低的地方转移到效率较高的地方。

因此，在政府与社会资本合作中，往往企业家式的政府部门能够更高效地提供公

---

① 陈振明. 评西方的"新公共管理"范式[J]. 中国社会科学, 2000, 6 (6).

共设施或服务。政府部门应以 PPP 项目受众为导向,对 PPP 项目的评价,应以 PPP 项目受众的参与为主体,注重换位思考,保证公共服务的提供机制符合大众偏好,产出高效的公共服务。①

### 3. 广泛采用授权或分权的方式进行管理

政府组织是典型的等级分明的集权结构,这种结构使得政府机构不能及时对新情况做出反应。由于信息技术的发展,加快决策的压力猛烈地冲击着政府的决策系统,政府组织需要对不断变化的社会做出迅速的反应。借鉴企业界分权办法,通过减少层级、授权和分散决策权等方式迅速做出反应,从而有效地解决问题。因此,政府也可以采取授权或分权的办法来对外界变化迅速做出反应。

新公共管理理论认为,与集权机构相比,授权或分权机构有许多优点,如比集权机构有更强的灵活性,对于新情况和顾客需求的变化能迅速做出反应;比集权机构更有效率;比集权机构更具创新精神;比集权机构产生更高的士气,更强的责任感,更高的生产率;等等。

在 PPP 项目中,政府部门可以考虑将社会服务与管理的权限通过参与或民主方式下放给社会的基本单元:社区、家庭和志愿者组织等,让他们自我服务、自我管理,进而提高公共服务的民众满意度。

### 4. 广泛采用社会资本成功的管理手段和经验

与传统公共行政排斥社会资本管理方式不同,新公共管理理论强调政府广泛采用社会资本成功的管理手段和经验,这在 PPP 模式中得到了充分的体现,如重视人力资源管理、强调成本效率分析、全面质量管理、降低成本和提高效率等。新公共管理理论认为,政府应根据服务内容和性质的不同,采取相应的供给方式。在政府与社会资本合作中,政府部门可以把官僚组织分解为许多半自主性的执行机构,特别是把商业功能和非商业功能分开,决策与执行分开;移植社会资本的某些管理办法,如采用短期劳动合同、开发合作方案、签订绩效合同以及推行服务承诺制。②

### 5. 在公共管理中引入竞争机制

传统的观念认为,微观经济领域应该由社会资本承担,而公共服务领域则应该由政府垄断。与传统公共行政排斥社会资本参与管理不同,新公共管理理论强调政府管理应广泛引进竞争机制,取消公共服务供给的垄断性,让更多的社会资本参与公共服务的供给,通过这种方式将竞争机制引入到政府公共管理中来,从而提高服务供给的质量和效率。之所以需要引入竞争,是因为竞争可以提高效率,迫使垄断组织对顾客的需要做出反应,奖励革新。因此,在 PPP 模式中,政府为了高效地实现公共服务的职能,应该让多种行业和部门的社会资本有机会加入到提供服务的行列中来,进而增

---

① 黄小勇. 新公共管理理论及其借鉴意义 [J]. 中共中央党校学报, 2005, 8 (3): 60-63.
② 金太军. 新公共管理:当代西方公共行政的新趋势 [J]. 国外社会科学, 1997 (5): 20-21.

加投资竞争,便于为 PPP 项目选择出最适合的社会资本参与方。

**6. 重视提供公共服务的效率、效果和质量,实施明确的绩效目标控制**

传统政府注重的是投入,而不是结果。由于不衡量结果,所以也就很少取得效果,并且在很多情况下,效果越差,投入反而越多。新公共管理理论根据交易成本理论,认为政府应重视管理活动的产出和结果,应关心政府部门直接提供服务的效率和质量,应能够主动、灵活、低成本地对外界情况的变化以及不同的利益需求做出反应。因此,新公共管理理论主张政府管理的资源配置应该与管理人员的业绩和效果联系起来。在管理和付酬上强调按业绩而不是按目标进行管理,按业绩而不是按任务付酬。在对财力和物力的控制上强调采用根据效果而不是根据投入来拨款的预算制度,即按使命作预算、按产出作预算、按效果作预算和按顾客需求作预算。政府部门为了以较低投入获得较高的公共服务质量和效率,大力倡导 PPP 模式,这在一定程度上减轻了政府部门的财政压力,完全符合新公共管理理论的该项目标。[①]

新公共管理理论反对传统公共行政重遵守既定法律法规轻绩效测定和评估的做法,主张放松严格的行政规制,实行严明的绩效目标控制,即确定组织、个人的具体目标,并根据绩效目标对完成情况进行测量和评估。他们认为,虽然任何组织都必须具有规章才能运行,但是过于刻板的规章则会适得其反;企业家式的政府是具有使命感的政府,它们规定自己的基本使命,然后制定能让自己的雇员放手去实现使命的预算制度和规章,放手让雇员以他们所能找到的最有效的方法去实现组织的使命。有使命感的组织比照章办事的组织的士气更高,也更具有灵活性和创新精神,从而更有效率。因此在 PPP 项目实践过程中,政府应对社会资本适当管控,行政规制等不可过度严格,以便充分发挥社会资本的人才技术管理优势。[②]

新公共管理理论所倡导的"市场导向""授权分权""自由竞争""绩效评估"与 PPP 模式的核心要素异曲同工。首先,PPP 模式强调社会资本在全生命周期内参与公共服务供给,借助社会资本敏锐的市场嗅觉和更强的资源配置能力,可从整体上提升资金使用效率,降低融资成本,并有机会取得融资方面的"规模效应"。其次,PPP 模式强调从放权思维转向分权思维,横向上政府向市场、社会的分权有助于发挥社会资本在资金使用、管理等方面的优势,纵向上上级政府向下级政府的分权有利于在全社会范围内合理配置政府和社会资金,而不是财政资金、社会资本"两条线"割裂运行,进而提升融资效率。最后,PPP 模式强调"物有所值",实现这一目标的关键举措便是严格项目绩效考核,保证财政的每分钱用得其所。新公共管理理论强调绩效考核,正是"物有所值"在学理层面的体现。

---

① 李军鹏. 新公共管理的行政理论创新 [J]. 广东行政学院学报,2001 (2).
② 张璋. 政府治理工具的选择与创新——新公共管理理论的主张及启示 [J]. 新视野,2001 (5):39-41.

## （四）市场失灵与政府失灵理论

市场失灵是指在自由放任的基础上，市场经济在其自身的运行中自发产生的或不可避免的缺陷和弊端，致使市场对资源的配置出现低效率。

市场失灵主要表现为竞争失效，市场机制不能有效提供公共产品，市场机制无法克服外部效应对资源配置的扭曲，个人和家庭之间收入分配不公平，失业、通货膨胀与经济波动，市场活动需要的契约安排和交易秩序无法由市场机制自身提供，市场机制无法很好地协调私人眼前利益和公共长远利益的关系。

市场失灵理论的三个主要内容是垄断性、外部性、公共品。其中，垄断直接涉及市场运行的结果，是市场本身的运行，产生了资源的集中，进而造成垄断。外部性和公共品强调存在于市场之外的，市场运行规则无法对他们发生作用的某些社会经济关系。外部性指一个人或一个厂商的活动对其他人或其他厂商的外部影响，或称溢出效应，这种效应是在有关各方不发生交换的意义上，价格体系受到的影响是外来的，存在没有经济报偿的"交易"。主要表现为非市场性、决策伴生性、关联性、强制性。公共品指一个人对某些物品或劳务的消费并未减少其他人同样消费或享受利益，如国防、路灯、无线电广播等。其特征表现为：非竞争性、非排他性。[①]

市场失灵理论认为，完全竞争的市场结构是资源配置的最佳方式，但在现实经济中，完全竞争市场结构只是一种理论上的假设，而理论上的假设前提条件过于苛刻，现实中是不可能全部满足的。由于PPP项目大部分具有垄断性、外部性、信息不完全性等公共物品属性，而公共物品仅仅依靠价格机制来配置资源无法实现帕累托最优，因此如果政府完全放手PPP项目，交由市场机制，较易出现市场失灵行为。

当市场失灵时，不能实现资源配置效率的最大化，需要借助政府的干预。政府干预经济领域一方面说明政府在市场经济中的作用越来越重要，但另一方面政府的企业性质又要求必须对政府的行为加以规范，以提高政府的管理效率。

但政府的调控也存在失灵的状况。政府失灵就是在市场经济条件下，由于自身的局限性和外部约束因素的乏力，政府在行政管理过程中所出现的负面效应。政府失灵问题是极其复杂的，且不说政府失灵涉及的领域广泛、影响深远，一般认为，政府失灵是政府在克服市场失灵或是市场缺陷的过程中产生的。可能源于政府的经济调节措施在许多方面不理想，政府发挥不了预定的经济调节作用，抑或是政府部门在提供公共物品时趋向于浪费和滥用资源，致使政府财政支出成本规模过大或者效率降低，预算上出现偏差，政府活动并不总像应该的那样或像理论上所说能够做到的那样"有效"。而政府与社会资本的合作模式对政府失灵现象有一定的缓解作用，由于社会资本的引入使得政府部门对市场失灵或缺陷更敏感，及时发挥有效的调节机制，降低政府部门成本支出，使得政府部门更好地提高公共产品提供效率，满足民众对公共物品或

---

① 汪丁丁. 为什么"政府失灵"比"市场失灵"更加危险［J］. 财经，2003（2）：16－17.

服务的需求。①

规避政府失灵或市场失灵，本质上是将公共领域的风险降到最低。因此，根据上述理论，PPP融资要讲究社会资本和公共资金的配合，便是将PPP模式的融资风险在政府和社会资本的配合下处于可控水平。基于此认识，两者的合作一方面可保障政府在重大事项的决策权，避免社会资本暴利；另一方面可进一步发挥市场在资源配置中的决定性作用，最大限度地减少政府过多干预微观事务所造成的不良影响，以期充分发挥社会资本和公共资金的优势，尽可能避免市场失灵或政府失灵问题出现。

## 三、项目融资理论的演进

### （一）项目融资理论发展

现代项目融资在过去近半个世纪的频繁实践中逐步得到完善，并成为目前主流的融资方式之一，但对于项目融资理论方面的探索颇为缺乏。意大利Brocconi大学的银行与金融学教授Stefano Gatti在他的经典著作《项目融资的理论与实践：私营和公共项目的设计、架构和融资》（2008）中率先从金融经济学理论的角度分析了项目融资在理论上的合理性。传统意义上来看，当一家既有公司评估是否参与一个投资项目的时候，它会比较此新项目的预期收益率与公司的资本成本，当前者大于后者，那么公司就应当参与投资。但是通常情况下，这样的简单方法忽略了新项目的引入实际上会对公司的资本成本造成影响。于是Gatti基于投资组合理论指出，当新项目（即使有较高的收益水平）的投资规模比起公司既有的资产总量来说很大，风险又超出公司既有业务风险的总体水平，并且新项目和公司的主营业务具有较高关联性（相关系数接近1）的时候，该新项目的投资可能并不会增加公司的价值，反而会削减。他称这种效果为"污染"（Contamination），因此又称该可能的污染事件为"污染风险"（Contamination risk）。面对这种情况，精明的投资人应该意识到当评估此类项目的时候应该从事前角度（ex ante）考虑到这样的污染风险，预先通过计算提高公司的资本成本，再与此项目的预期收益进行比较，如果真正高出后者，才会通过并表的企业融资对此项目进行投资；否则的话，就应该使用项目融资。在这种情况下，项目融资起到风险隔离的作用，使新项目不会"污染"到公司的主营业务。②

由于国内外的项目融资理论并不系统，早期项目融资理论的构成大多和金融投资理论相关，主要包括：（1）以资产为基础的筹资理论；（2）莫顿的转嫁理论（1918）；（3）货币市场和资本市场的相互依赖理论；（4）贷款流动性期望收入理论；（5）对冲互换理论；（6）期权定价理论；（7）资产组合管理理论；（8）信用转让概念；（9）风

---

① 吴敬琏."市场失灵"与"政府失灵"[N].经济观察报，2009-02-27.
② Gatti S. Project finance in theory and practice: designing, structuring, and financing private and public projects [M]. Academic Press, 2013.

险转换理论；（10）审慎避险理论。

上述理论经过实践的不断推动，逐渐演变出投资评估理论、风险对冲理论、组合风险理论、会计方法、公司/主权贷款、资本资产定价、期权定价、外国直接投资、金融投资等对项目融资有所贡献的理论。表2-1展示了各个理论对项目融资理论的影响大小。

表2-1　现有的金融理论和投资理论对于项目融资理论的基本贡献

| 理论排序 | 对项目融资的重要性 ||||||
|---|---|---|---|---|---|
| | 相当好 | 还好 | 一点都不 | 潜在可能 | 总序位 |
| 1. 投资评估 | 74% | 22% | 4% | 0% | 64% |
| 2. 风险对冲 | 65% | 30% | 0% | 4% | 60% |
| 3. 组合风险 | 57% | 13% | 13% | 17% | 17% |
| 4. 会计方法 | 30% | 48% | 9% | 13% | 17% |
| 5. 公司/主权贷款 | 26% | 22% | 43% | 9% | 29% |
| 6. 资本资产定价 | 17% | 66% | 13% | 13% | 39% |
| 7. 期权定价 | 4% | 3% | 11% | 48% | 10% |
| 8. 外国直接投资 | 4% | 43% | 17% | 35% | 24% |
| 9. 金融投资 | 4% | 34% | 13% | 48% | 22% |

资料来源：张朝兵. 项目融资理论构成与分析 [J]. 求索，2006（1）：46-48.

**1. 投资评估理论**

评级表明，对于项目融资理论贡献最重要的当属投资评估理论，评估标准是在某些条件下使目标函数最大化。对于公司来讲，评估是在风险给定的情况下企业利润最大化。对所有者来讲，评估是对投资组合产生的最大可能的利润进行排序来决定是否投资。

根据评估理论，应选择净现金流为正的项目，拒绝净现金流为负的项目。另一种方法是应用内部收益率，看一个项目实际可以达到的最高报酬率，计算项目寿命期内收入和支出的现金流量净现值等于零的贴现率。项目借贷双方均运用敏感性分析识别风险来源。

对所有者来讲，评估是对投资组合产生的最大可能的利润进行排序来决定是否投资。但项目融资贷款方的方法异于传统方法，其目标函数具体到要开发出强有力的安全网络，使贷款投资回报最大化，因而只看净现金流（NPV）是不够的。贷款方主要着眼点在于分析项目生命期的风险（如完工前后风险、技术和市场风险）并且要对相应的风险结构和参与方承担风险的能力加以识别。

## 2. 风险对冲理论

实证调查表明，风险对冲理论对于项目融资理论的贡献仅次于投资评估。项目融资风险对冲机制是分析、制度和法律保护等各种方法的综合。一旦识别和认定了风险，就涉及避免风险、控制风险、转移风险或提供资金等方面。贷款方主要关心的是减少和避免风险。除了直接的风险对冲以外，贷款方还以间接方式进行，如在二级市场上进行交易或互换等。

## 3. 组合理论

投资组合理论处于第三位，广泛用于能源和银行业。其核心是投资方进行分散风险的过程。根据假定，不同国家的经济周期往往不完全相关，因此就有可能通过投资不同的国家降低与期望收益相关的风险。组合理论则为建立投资风险收益标准提供了有益指导。通过由 Shape（1963）提出的投资多样化降低风险的战略，认为由于个别投资项目的特点，任何两个投资的非系统风险都是相互独立的。因而任何两个投资收益之间的协方差（风险联系）只能根据总的市场条件来决定。项目的贷款方把项目特定风险看作是非系统风险，因而交由发起方来管理。贷款方通过各种风险防范机制减少非系统风险。另外，项目的贷款方能够分散各种外生的风险，如信用风险、流动风险、汇率风险、利率风险和国家风险等。

## 4. 会计方法

使用会计方法涉及资本结构（如长期债务与权益融资）、内部风险和借款项目的流动性考虑（短期资产与债务）有关的决策标准。相关文献材料也证明了在会计系统基础上的决策标准是工业和银行风险管理系统的一个组成部分。需要进行评估的是含有风险的部分，包括公司资产债务表中的资产和债务。相关专家们认为，会计比率对于识别风险和避险结构决策是很合适的工具。现金不足协议、取或付合同协议，承诺保持最小权益/债务比率和其他的保护性的合约都是避险的例子。

## 5. 传统的贷款方法

传统的或直接的公司或主权融资在项目融资的实践中也有着直接的意义。传统的融资信用评估的重点是针对公司的财务结构，因为违约风险与公司的总债务紧密相连。信用和资产负债表上的资本结构相连，子公司由于破产及其他形式的财务困难对于母公司的运作有着相当大的影响。有些贷方认为，新的项目不能够证明其偿债能力，信用结构就转向传统的主权融资。在半完工担保前提下相当于风险盈亏点概念，根据这一安排，公司的所有者同意在项目发展的某个时期或某个阶段点上作为分界线。

## 6. 资本资产定价模型（Capital Asset Price Model，CAPM）

资本资产定价模型是在项目融资中被广泛接受和使用的一种确定项目贴现率的方

法。按照这一模型，资产价值取决于期望现金流和资本的成本。项目的贴现率，即项目的资本成本是在公认的低风险投资收益率的基础上，根据具体项目的风险因素加以调整的一种合理的项目投资收益率。①

CAPM 模型对于金融理论和现代组合理论的贡献非常重要，虽主要用于证券市场，但在项目融资风险管理战略中已显示其作用。CAPM 有两个假定：一是投资者厌恶风险，如果承担风险就要拿取升水；二是定价风险，因为有不能分散掉的风险，这两个假定也是项目融资参与方的特点。研究表明 CAPM 在认知风险或在决定避险上直接关系并不大，主要表现为银行对其间接使用上。

### 7. 其他贡献

实证调查证明，期权定价、外国直接投资和融资租赁都对项目融资理论有所贡献。例如，布莱克和斯科尔斯期权定价模型在评估股票持有人和贷款方的或有（意外）权益时是有效的。

运用期权定价模型对于项目融资来说从理念上和潜在性方面来讲是重要的。和 CAPM 理论一样，期权定价理论的直接应用要少于以上提到的投资理论。由于理论模型的限制，从不同的方面使模型专业化并使其适用于项目融资的难度较大。

外国直接投资理论以所有权为基础，比起银行，其对公司更重要。由于项目融资等新的投资方式出现，发展中国家的直接投资的重要性已在过去 30 年中降低了不少。产业方面需要面对的是投资和国家风险问题，现在看起来要比直接所有更为重要。不过，减少项目特有或国家特有的风险原理、概念和技术都和项目融资有关系。

融资租赁的影响在于多数项目融资贷款方认为，租赁作为项目结构的一个单元由特定的工厂设备担保，因而和依靠经营的项目的履行概念不同。有些项目银行认为，过于依靠金融租赁会降低项目信用声望，因为有些资产抵押给项目的借方就不再拥有它。但自 20 世纪 80 年代以来融资租赁越来越成为项目融资的一个组成部分，得到广泛的应用。

## （二）项目融资实践演进

### 1. 国际项目融资实践历程

（1）起源。许多人认为项目融资是一个新兴现象，然而，项目融资的历史可以追溯到几百年以前。项目融资出现于 13 世纪的欧洲，1299 年英国王室为了开发白银矿与弗雷斯巴尔迪的意大利银行签订了贷款协议，此案例是"产品支付贷款"融资模式的原型，也是现代项目融资模式的最早雏形。② 在该项目中银行可以获取银矿一年内的所

---

① 邱宇，王晓宇. 将资本资产定价模型用于我国金融市场 [J]. 中国市场，2008（52）：64–65.
② Grimsey D., Lewis M. Public private partnerships: The worldwide revolution in infrastructure provision and project finance [M]. Edward Elgar Publishing, 2007.

有收入，交换条件是如果银矿产量比预期少，银行也要支付所有的运营成本，而不能向政府寻求支援。此种类型的贷款如今被称为生产支付贷款。

有资料表明，中国早在秦汉时代就有"以工代赈""以粮代租"的做法，这实际上也是项目融资的最早方式。

（2）发展。项目融资发展于17世纪，英国私人业主建造灯塔的投资方式，17世纪和18世纪的早期贸易远征的融资也是在项目的基础上进行的。投资者向荷兰东印度公司和英国东印度公司提供亚洲贸易远征的资金，在这之后会根据他们所分担的货物清算结果分得收益。这种方式与项目融资模式中的BOT十分相似，然而这些项目融资的雏形并没有得以持续发展。

随着时间的推移，到20世纪30年代，美国在自然资源和瑞莎地产行业首先出现现代形式的项目融资。得克萨斯州和俄克拉荷马州的石油勘探公司将生产支付贷款（Production Payment Loans）应用到了油田勘探中。生产支付贷款是一种为商业项目融资的无担保的借贷或信贷额度，在这一安排下，项目完成并投入生产后其销售收入的一定百分比都用于还本付息。例如，如果一个企业借入100 000美元用于扩大其部件生产，然后扩大生产出的这部分部件销售收入中的一定百分比则被用来支付银行利息和偿还本金，直到债务结清。因为借款时没有任何资产作为抵押，债权人在债务人违约的情况下没有追索权。[①]

这种融资方式的使用范围后来逐渐被扩大，广泛应用于石油、天然气、煤炭、铜、铝等矿产资源的开发。如世界最大的，年产80万吨铜的智利埃斯康迪达铜矿，就是通过项目融资实现开发的。同样地，在20世纪的大半时间中，房地产开发商在项目的基础上建造独立的商业房产并对其进行融资。这些项目都是以其本身良好的经营状况和建成、投入使用后的现金流量作为还款保证来融资的。它不需要以投资者的信用或有形资产作为担保，也不需要政府部门的还款承诺。即在这些项目中，债权人都仅有对项目现金流的追索权。

（3）广泛应用和推广。项目融资模式于20世纪70年代末80年代初被广泛应用和推广。到90年代，项目融资项目已粗具规模，其中具有代表性的项目融资项目包括总投资为160亿美元的连接英国和法国的英吉利海峡隧道和50亿美元的铱星全球移动通信系统等。现代项目融资在过去近半个世纪的频繁实践中逐步得到完善，成为目前主流的融资方式之一，且其应用范围的不断扩大，逐步趋于大型化、国际化和技术化，在发展中国家的经济建设中得到广泛应用。[②]

## 2. 国际主要项目融资市场现状

（1）欧洲项目融资市场。在20世纪90年代初，由于资金限制，欧洲很多国家市

---

① Brealey R. A., Cooper I. A., Habib M. A. Using project finance to fund infrastructure investments [J]. Journal of Applied Corporate Finance, 1996, 9 (3): 25–39.

② Kensinger J. W., Martin J. D. Project Finance: Raising Money The Old-Fashioned Way [J]. Journal of Applied Corporate Finance, 1988, 1 (3): 69–81.

级政府开始促使项目融资与社会资本的参与相结合。而社会资本参与的目标被规定为鼓励更好地管理和提升风险分担的效率。当政府部门面临预算限制的时候,政府与社会资本合作也可以用于扩大投资。

根据欧洲投资银行的数据显示,欧洲的项目融资市场在经历了2008~2011年的下跌后,成交额从2012年开始逐步回升,2014年欧洲采用项目融资形式推进的PPP项目签约总额已达1870亿欧元。

从项目融资的细分市场来看,整个泛欧交通体系基础设施的改造对项目融资市场的贡献度最大;其余贡献度较大的依次为医疗、环境保护和教育市场。

从项目融资的主要国家来看,英国、土耳其和德国分别列项目融资签约总额的前三位,但难能可贵的是遭遇主权债务危机的希腊,在欧盟基金(Jesseca)的资助下完成了7个项目融资的签约。[①]

从项目融资的模式来看,以夹层融资模式为代表的机构投资者开始逐渐侵扰欧洲传统银行的项目融资市场。越来越多国家开始采用机构投资者的股权资本来对PPP项目进行融资,这迫使银行机构也拓展夹层融资贷款业务,并与机构投资者逐步延长传统夹层融资的贷款期限。但欧洲项目融资市场依然是商业银行的天下,从项目融资的期限和利率来看,商业银行还是居于主导地位。2014年PPP模式融资的平均期限为21年,最长的项目贷款期达到31年,这是中短期的夹层融资所难以匹敌的。

(2)美国项目融资市场。能源价格持续居高不下促使美国国会于1978年通过《公共事业管制政策法案》,以鼓励替代能源(非煤炭)发电方面的投资。该法案要求地方事业部门与合格的发电供应商签订长期的合同并购买其所有发电。由于签有长期购电协议的新电厂有融资需要,项目融资方式应运而生。事实上,在20世纪80年代完成的项目2/3以上是电站项目。然而,自此以后项目融资应用的范围在美国已经扩展到更为广泛的资产类型。

与欧洲的政府性付费项目形成鲜明对比的是美国保持了其一贯在风能、太阳能等新能源、石油、页岩气等方面的商业项目作为项目融资市场的主角的作风。美国政府通过总统法令对新能源等项目提供大量的税收优惠和补贴政策,使得美国大量闲置的社会资本向美国新能源等产业转移。该产业投资在2007年之后迅猛增长,许多高端制造产业逐渐开始向美国本土回归,市场和需求的导向在美国项目融资市场上的作用似乎更加明显,政府直接出面背书和增信的情况很少,这也是美国项目融资与欧洲的最大区别。但与欧洲市场类似的是股权融资的比例在提高,夹层融资贷款在美国项目融资市场上的比例占到50%以上,项目债券的发行量几乎翻了1倍。这主要归功于美国投资银行、保险公司和对冲基金等机构投资者的广泛参与。但不足之处在于夹层融资只是一种中短期的融资方式,长期的融资主要还是得依靠发行债券或是商业贷款。自从2011年后欧洲商业银行在美国退出后,美国项目融资的银行业主角变成了日本银行、加拿大银行与美国本土的区域性银行。随着机构投资者对银行业务的侵蚀,银行

---

① 崔丽君. 全球项目融资市场冰火两重天[DB/OL]. 财新网,2015-11-03.

业的风险厌恶程度也发生了变化，开始逐渐接触夹层贷款等高风险资产，并延长了夹层贷款项目的期限。从客观的角度来看，这也使得夹层贷款与普通贷款的收益利差开始逐渐缩小。夹层贷款虽然是像巴克莱、高盛这样机构投资者的天下，但越来越多的银行也开始接收这一业务。乃至日本许多银行更愿意向美国项目贷款方提供15~18年的长期贷款。这在某种程度上模糊了夹层融资次级债务和商业贷款优先级债务之间的界限。

（3）中国项目融资市场。我国大型基础设施建设项目的融资主要以银行和债券市场为主。银行虽然作为我国企业主要的融资渠道，但其发展无法满足未来基础设施建设投资和国家对系统性金融风险管控的监管需求。从未来项目融资的方向和渠道来看，证券市场的发展潜力更令人期待。据相关数据分析表明，中国企业债市场的主要参与者是央企和国有企业，且很难在中国债券市场上看到像欧洲市场那样二三十年的债券[1]。夹层融资等复杂的结构化融资安排和工具在中国乃至亚洲项目融资市场的发展和欧美相比也还有很长的一段距离。中国项目融资市场的开拓和发展，任重而道远。

---

[1] 中国和澳洲在2014年亚太项目融资市场唱主角［DB/OL］. 长江有色金属网，2015-01-07.

# 第三章 PPP项目的融资方式

历经近30年的发展，我国金融市场上的产品已经形成"百花齐放、百家争鸣"的局面，除传统银行贷款之外，各类金融产品琳琅满目，仅债券而言，就有短期融资券、中期票据、企业债、公司债、项目收益债等各种不同类型，更不用说各类权益类产品或固定收益类产品。但对非金融从业人士来说，往往眼花缭乱而无处下手。从大类上划分，融资无外乎股权融资与债权融资两大类，PPP项目也不例外，从资金供给方来看，银行、保险公司、信托公司等金融机构都是PPP项目重要的资金来源。为便于读者直观了解，可将PPP项目的主要融资方式及资金来源归纳如图3-1所示。

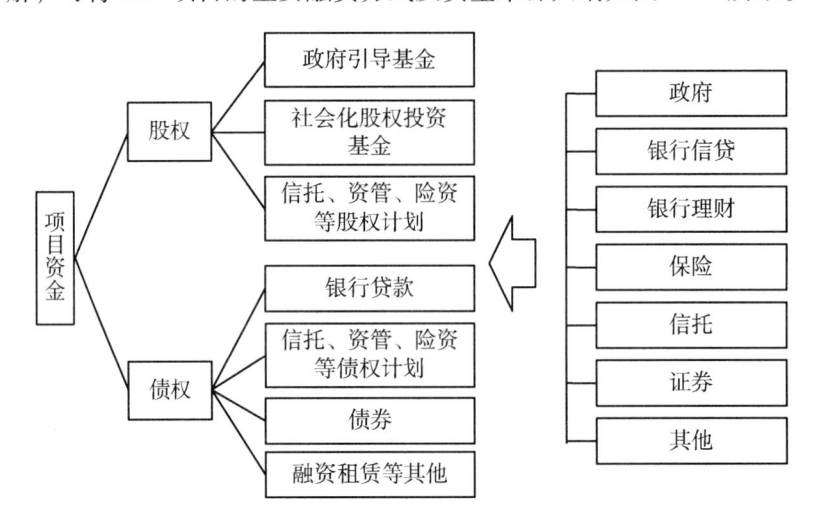

**图3-1 PPP项目主要融资方式及资金来源**

本章以下将逐一介绍股权投资基金、银行贷款、信托融资、保险融资、债券融资、资产证券化、项目收益债、融资租赁等几种与PPP模式融资有较高契合度的融资方式的特点及要求，并结合PPP模式融资特点与这些融资方式的特点，分析其适用性，并附有具体案例以供读者参考、加深了解。

## 一、股权投资基金融资方式

除去政府和社会资本在PPP项目中的资本金投入外，PPP项目的股权融资主要通过引入股权投资基金的方式实现。

## (一) 股权投资基金简介

股权投资基金是指以非公开方式向投资者募集资金对未上市企业进行股权投资的基金。从组织形式上进行分类，股权投资基金可分为公司制、契约制和有限合伙制三种形式。

公司制股权投资基金，是指按照《公司法》设立，以公司形式来组织和运作的公司制股权投资基金。公司制股权投资基金有着与一般公司相同的治理结构，决策权由投资人组成的股东会和董事会行使，可由基金公司自行管理基金资产，也可委托基金管理公司进行管理。

契约制股权投资基金是指把投资者、管理人、托管人三者作为当事人，通过签订基金合同的形式而设立的基金。其中，基金管理人依据适用法律和基金合同的规定负责基金的经营和管理运作；基金托管人负责保管基金资产，执行基金管理人的有关指令，办理基金名下的资金往来；资金的投资者通过购买基金份额，享有基金投资收益。

有限合伙制股权投资基金，是指按照《合伙企业法》设立，以有限合伙企业形式运作的股权基金。有限合伙制股权基金由普通合伙人（General Partner，GP）和有限合伙人（Limited Partner，LP）组成，普通合伙人通常是资深的基金管理人或产业投资人，负责有限合伙基金的经营与管理，对合伙债务承担无限连带责任，有限合伙人则是基金资金的主要提供者，一般不参与有限合伙基金的经营与管理，仅保留一定的监督权，同时仅以出资额为限对有限合伙制股权投资基金负有限责任。

三种组织形式的股权投资基金比较如表3-1所示。

**表3-1　　公司制、契约制及合伙制股权投资基金优劣势比较**

| | 公司制 | 契约制 | 有限合伙制 |
|---|---|---|---|
| 主体资格 | 具备独立法人主体资格 | 无独立的主体，且不具备独立法人资格 | 是独立主体，但不具备法人资格 |
| 合格投资者人数 | $1 \leq X \leq 50$ | $1 \leq X \leq 200$ | $2 \leq X \leq 50$ |
| 对外投资名义 | 基金本身 | 基金管理人 | 基金本身 |
| 税收 | "先税后分"<br>双重征税 | "先分后税"<br>避免双重征税 | "先分后税"<br>避免双重征税 |
| 主要优势 | ·治理结构严谨<br>·决策机制完善 | ·管理成本较低<br>·避免双重征税 | ·避免双重征税<br>·运作机制灵活高效，激励到位 |
| 主要劣势 | ·双重征税<br>·机制欠灵活<br>·重大事项决策效率不高 | ·组织较松散<br>·不具备独立法人主体资格，不能直接作股权登记 | ·法律基础不完善<br>·组织不稳定 |

## (二) PPP 模式下的股权投资基金运作方式

### 1. PPP 政府引导基金

在我国，政府引导基金最早出现在 2005 年国家发改委等十部委联合颁布的《创业投资企业管理暂行办法》中，其第二十二条指出，"国家与地方政府可以设立创业投资引导基金，通过参股和提供融资担保等方式扶持创业投资企业的设立和发展"。2008 年国家发改委、财政部、商务部联合发布《关于创业投资引导基金规范设立与运作的指导意见》，第一条规定，"引导基金是由政府设立并按市场化方式运作的政策性基金，主要通过扶持创业投资企业发展，引导社会资金进入创业投资领域"。此后，全国许多省市也相继出台创业投资基金的地方法规和规章，并设立了多只创业投资引导基金用于扶持创业投资企业的设立和发展。

本轮大力推进 PPP 模式后，为了创新财政金融支持方式、发挥财政资金的杠杆和引领作用、优化 PPP 模式融资环境等，中央及地方两级政府都在积极探索成立 PPP 引导基金。目前，财政部和山东、山西、河南、江苏、四川及新疆等地都已经成立了不同规模的 PPP 引导基金，这些 PPP 引导基金主要通过以股权或债权的方式投入 PPP 项目、给予 PPP 项目一定的前期费用补贴及为 PPP 项目提供融资担保等方式对 PPP 项目提供融资支持、提高 PPP 模式融资的可获得性。目前已设立的 PPP 引导基金主要有以下三种运作模式：

（1）基金实行母子基金两级架构，省级财政部门发起设立 PPP 投资引导基金母基金，母基金的出资人为省财政及市、县财政部门，母基金的规模通常不会很大，而是通过小比例地投资到多个与金融机构或行业社会资本共同组建的子基金中，从而起到放大财政资金杠杆的作用。母基金与子基金委托专业的基金管理公司进行管理运作。子基金以股权、债权或股债结合的方式投入 PPP 项目，为 PPP 项目提供融资支持。简要的基金结构和运作模式如图 3 - 2 所示。

江苏省 PPP 融资支持基金和山东省政府和社会资本合作（PPP）发展基金均采用的上述运作模式。

（2）基金同样实行母子基金两级架构，由省级财政部门发起设立 PPP 投资引导基金母基金，母基金的出资人为省财政、金融机构或行业社会资本，母基金通过小比例地投资到多个由当地政府（市、县级政府）发起并与金融机构及行业社会资本共同组建的 PPP 子基金中，起到放大财政资金杠杆和引导 PPP 项目投向的作用。母基金与子基金委托专业的基金管理公司进行管理运作。子基金同样以股权、债权或股债结合的方式投入 PPP 项目，为 PPP 项目提供融资支持。简要的基金结构和运作模式如图 3 - 3 所示。

该种模式与第（1）种模式的主要区别是市、县政府不参与母基金的投资，而是作为子基金的发起人，并担任子基金中的劣后投资人。山西省改善城市人居环境 PPP 投资引导基金就是这种模式的实例。

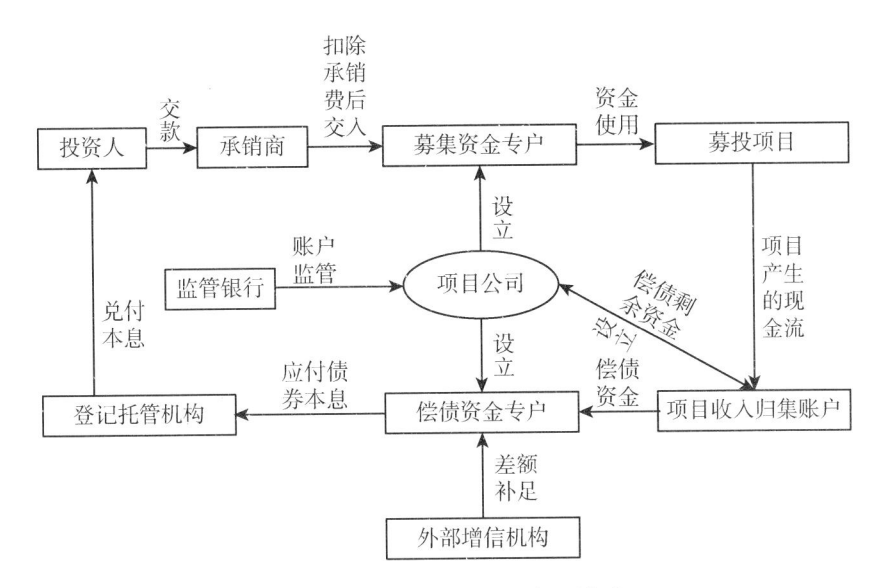

**图 3-2　PPP 政府引导基金模式一**

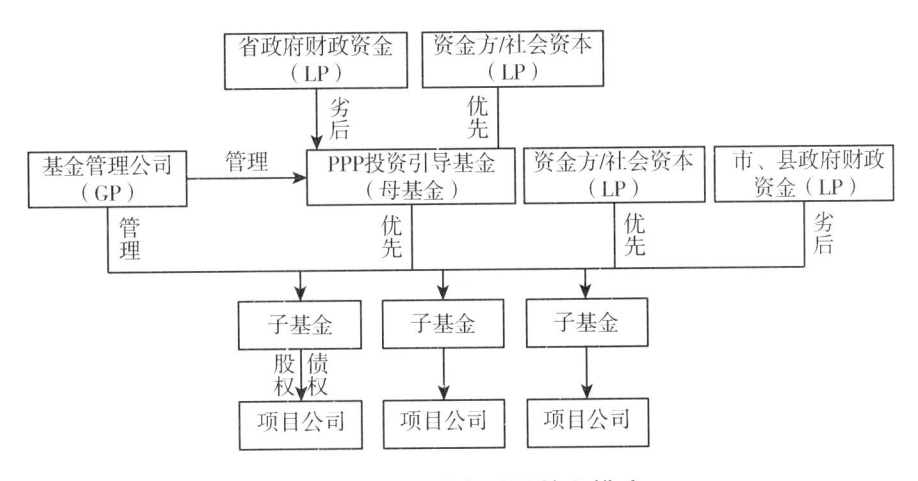

**图 3-3　PPP 政府引导基金模式二**

（3）基金不另设子基金结构。PPP 投资引导基金由政府发起，由政府（或委托出资平台）与金融机构及行业社会资本共同组建，其中政府作为劣后级出资人，金融机构及行业社会资本作为优先级出资人。PPP 投资引导基金以股权、债权或股债结合的方式投入 PPP 项目并同时为 PPP 项目提供前期项目补贴或在必要时为 PPP 项目公司提供融资担保。简要的基金结构和运作模式如图 3-4 所示。

河南省 PPP 开发基金和四川省 PPP 投资引导基金采用的都是该种运作模式。

PPP 政府引导基金的基金期限通常为 5~10 年，实行股权投资的，到期后由项目公司的社会资本方或政府指定的出资机构回购实现基金退出。在 PPP 政府引导基金中，其他出资人通常要求较低的资金收益，以此可相应地降低 PPP 项目的融资成本，同时政府出资人会向其他出资人提供一定的增信措施，以保障金融机构的资金安全和投资收益，包括政府出资人需充当劣后级出资人以确保其他出资人的固定收益，甚至承诺在基金收益不足以分配优先级出资人的固定收益部分时由财政资金予以补足。但需要注意的是，2015年11月12日财政部《政府投资基金暂行管理办法》规定，在政府投资基金中"政府应以出资额为限承担有限责任"，"政府可适当让利，但不得向其他出资人承诺投资本金不受损失，不得承诺最低收益"。

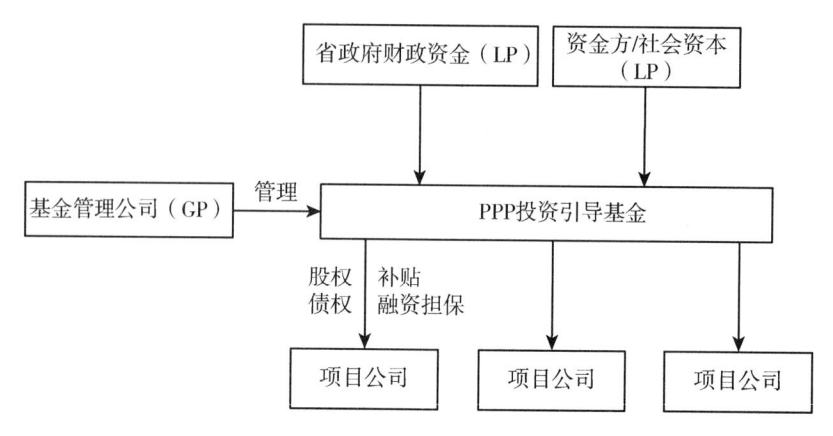

**图3-4　PPP政府引导基金模式三**

### 2. PPP社会化股权投资基金

PPP社会化股权投资基金，是指社会资本为投资PPP项目、募集PPP项目所需资金而设立的股权投资基金。PPP社会化股权投资基金的运作模式多种多样，出资人可以是地方平台公司和资金方、产业投资人和资金方，也可以是地方平台公司、产业投资人和资金方三方共同出资，PPP社会化股权投资基金通常由专业的基金管理公司或各出资人共同组建的基金管理公司进行管理，基本的基金结构和运作模式可以简单归纳为如图3-5所示。

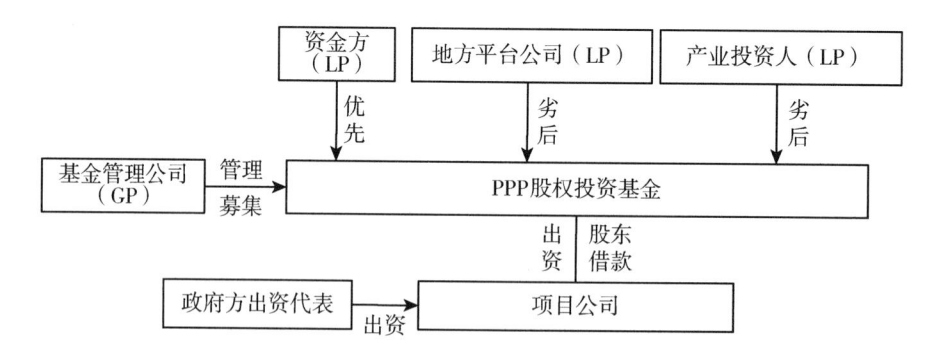

**图3-5　PPP社会化股权投资基金基本运作模式**

地方平台公司、产业投资人、资金方或专业的PPP基金管理公司均可能作为发起方发起设立PPP股权投资基金。由地方平台公司发起的PPP股权投资基金通常以本区域内的PPP项目为投资目标，有时也会选择部分区域外的优质PPP项目进行投资，地方平台公司通常需要担任劣后级出资人，资金方为优先级出资人；由产业投资人发起设立的 PPP 股权投资基金主要以某个 PPP 项目或关联产业的 PPP 项目为投资目标，产业投资人通常需要担任劣后级出资人，资金方为优先级出资人；而由专业的 PPP 基金管理公司发起的 PPP 股权投资基金则主要以整合产业投资人、资金方、地方平台公司各自的优势资源为目的，投资于某个 PPP 项目、某区域内或关联产业的 PPP 项目。以股权投资基金募集的资金主要以股权形式投入到项目公司，也可以以股东借款的形式即债权形式投入到项目公司。

### 3. PPP 模式下的股权投资基金退出方式

以股权投资基金形式投资项目时，应在投资协议及 PPP 合同中明确基金的退出条件和退出方式。在达到投资年限或约定退出条件时，可以通过 LP 份额回购、股权转让、项目公司清算以及公司上市等方式实现退出，其中：

（1）LP 份额回购是指在 PPP 项目完成或阶段性完成后，按照投资人协议的约定，由劣后级投资人回购优先级投资人持有的基金份额。

（2）股权转让是指在 PPP 项目完成或阶段性完成后，基金投资人将股权转让给项目公司的其他股东方。

（3）项目公司清算是指在 PPP 项目完成或阶段性完成后，通过对项目公司清算的方式，返还基金投资人约定获得的收益，实现股权投资基金的退出。

另外，在 PPP 项目成熟运营后，也可以通过将项目公司资产注入上市公司、发行资产证券化产品获得投资收益，实现投资资金的退出。

### 4. 股权投资基金对接 PPP 项目的主要优势

股权投资基金可以起到整合资金方、运营方、建设方等各类市场化资源的作用，降低资金成本，提高项目运营效率。

利用资本杠杆效应，扩大了对项目的资金投入，不仅能够让社会资本以较少的资金参与项目建设和运营，而且还可以帮助社会资本降低资产负债率，优化财务指标。[①]

另外，股权投资基金通过设立投资决策委员会，以市场化方式操作，利用社会资本专业化的投融资服务及项目运营管理经验，可以进一步强化项目风险控制，减少行政干预，规范基金投向，确保项目高效运转。

### 5. 股权投资基金的增信措施

对于 PPP 模式下的股权投资基金来说，应根据业务特点设置必要的增信措施，具体措施包括但不限于：

（1）对 PPP 项目开展可行性研究，做好资金测算，确保投资收益率及资金安全性；

（2）在投资人协议中明确各方权利和义务，建立基金内部管理机制和风险合规体系，确保投资合理有序进行；

---

① 魏守华，邵东涛．从企业融资的角度看产业集群的竞争优势［J］．商业经济与管理，2002（6）：17.

(3) 对股权投资基金 LP 份额等进行优先劣后的分层设计，并由劣后级份额持有人以其投资本金和收益对优先级份额持有人的投资本金和收益提供保障；

(4) 由劣后级份额持有人、政府、股东方、实际控制人或其他关联企业为融资提供抵质押、保证担保或其他担保措施，保证融资本金的安全性；

(5) 由融资方或项目公司其他股东方提供远期回购保障，确保融资资金得以顺利退出，并获得预期收益。

## (三) 案例简介

### 案例一：中国城市轨道交通 PPP 产业基金

2015 年 5 月 27 日，中国上海建工集团股份有限公司、绿地控股集团、建信信托公司共同发起设立中国城市轨道交通 PPP 产业基金，基金总规模 1 000 亿元人民币，首期规模 240 亿元，期限为 5 + 3 年。该基金投资范围包括纳入 PPP 项目库及政府统一采购的轨道交通与城市基础设施建设项目，地域上主要考虑省会城市及有一定条件的地级市。上海建工、绿地集团和建信信托组建一家基金管理公司，三方各占 33%、33% 和 34% 股权，该合资公司将成为上述轨道交通基金的普通合伙人和管理人。据估计，此 1 000 亿元基金预计可带动约 3 000 亿元的轨道交通投资。

在该合作中，绿地集团将优先向轨道交通基金推荐符合轨道交通基金投向与偏好的投资项目，同时如轨道交通基金所投的项目涉及周边物业开发，绿地集团将享有优先选择权；上海建工将享有施工总承包资格的优先选择权，发挥其专业优势，严控项目施工质量、施工进度以及施工安全；建信信托将充分发挥其在行业的优势地位和专业领域具备的丰富实际操作经验，实现轨道交通基金更高效的投融资运作。

### 案例二：国投水环境（北京）基金

2014 年 8 月 18 日，北京排水集团有限责任公司（以下简称北排集团）与国投创新投资管理公司（以下简称国投创新）签订协议组建合资公司 - 北京北排水环境发展有限公司（以下简称北排水环境），共同开发北京及全国的水务市场。根据该协议，北排集团将旗下污水处理、再生水利用和污泥处置等板块的核心资产作价 70 亿元入股北排水环境，国投创新则以现金形式出资 30 亿元入股北排水环境。此外，北排水环境将出资 30 亿元，与中国工商银行和上海浦东发展银行共同发起规模为 100 亿元的国投水环境（北京）基金，并邀请全国社保基金参与其中，为北排水环境未来新建和收购污水处理厂提供资本金。该基金将优先用于北京市污水处理和再生水利用 3 年行动方案相关设施建设。此次合作被视为推动《北京市加快污水处理和再生水利用设施建设 3 年行动方案（2013～2015）》实施的重要步骤，根据方案，北京中心城区污水处理和再生水利用服务将以特许经营权方式授予北排集团，期限 30 年。同时，北排集团将承担相关建设任务。

通过跨界整合设立，国投水环境（北京）基金探索了一条有效的国有企业补充资本金、提高国有资本使用和国有企业运营效率的新路径，是深化国企改革、引入社会资本、进行混合所有制改革的一次大胆尝试。有效对接了市场上多元化的资金来源和优质项目，拓宽了商业银行在整个金融产业链中扮演的角色范畴。

## 二、银行贷款融资方式

### （一）银行贷款概述

贷款是商业银行传统资产业务之一，也是最基本和最简单的债务融资形式。按照贷款用途的不同，可分为固定资产贷款、流动资金贷款、法人账户透支、并购贷款，其中贷款银行两家或两家以上的，又可分为银团贷款和双边贷款。

**1. 固定资产贷款**

固定资产贷款，是指融资方向企（事）业法人或国家规定可以作为借款人的其他组织机构发放的、用于借款人固定资产投资的本外币贷款。固定资产贷款要求用途明确、合法，主要用于满足扩大生产能力、对原有设施进行技术改造或配套辅助性生产、生活福利设施工程建设等所产生的资金需求。

**2. 流动资金贷款**

流动资金贷款，是指融资方向企（事）业法人或国家规定可以作为借款人的其他组织发放的、用于借款人日常生产经营周转的本外币贷款。流动资金贷款是商业银行最主要的短期融资产品，也是借款人申请和操作手续较为简便的融资产品之一。流动资金贷款，主要用于借款人日常生产经营周转，不得用于固定资产、股权等投资，不得用于国家禁止生产、经营的领域。

根据贷款期限，流动资金贷款可分为短期流动资金贷款和中期流动资金贷款。其中，短期流动资金贷款期限为1年（含）以内，中期流动资金贷款的期限为1年（不含）以上5年（含）以下。

**3. 法人账户透支**

法人账户透支是指在企业获得银行授信额度后，银行为企业在约定的账户、约定的限额内以透支的形式提供的短期融资和结算便利的业务。当企业有临时资金需求而存款账户里余额不足以对外支付时，法人账户透支为企业提供主动融资便利。

**4. 并购贷款**

并购贷款是指商业银行向并购方或其子公司发放的、用于支付并购交易价款的贷款。并购贷款中并购的定义是指境内并购方企业通过受让现有股权、认购新增股权、或收购资产、承接债务等方式以实现合并或实际控制已设立并持续经营的目标企业或资产的交易行为。

**5. 银团贷款**

银团贷款,又称辛迪加贷款(Syndicated Loan),是指由两家或两家以上银行基于相同贷款条件,依据统一贷款合同,按约定时间和比例,通过代理行向企业提供的本外币贷款或授信业务。目前,银团贷款已不再局限于贷款这种最基本的信贷形式,还适用于票据、保函等业务品种,可以根据具体项目所处阶段及项目融资需求来组织不同融资品种的银团贷款。根据提供的融资的品种不同,银团贷款可分为固定资产贷款银团、流动资金贷款银团、票据银团、保函银团、并购银团等。

## (二) 银行贷款的相关要求

### 1. 银行贷款的一般要求

(1) 借款人依法经工商行政管理机关或主管机关核准登记;
(2) 借款人信用状况良好,无重大不良记录;
(3) 国家对拟投资项目有投资主体资格和经营资质要求的,符合其要求;
(4) 借款用途明确、合法;
(5) 项目符合国家的产业、土地、环保等相关政策,并按规定履行了固定资产投资项目的合法管理程序;
(6) 符合国家有关投资项目资本金制度的规定;
(7) 融资方要求的其他条件。

### 2. PPP 项目银行贷款的特定要求

对于 PPP 项目,银行发放固定资产贷款通常还应满足以下条件:第一,PPP 项目实施方案已经有政府批准,且通过物有所值论证和财政承受能力评价;第二,PPP 项目已纳入省级或国家级 PPP 项目库;第三,社会资本方或 SPV 公司已与 PPP 项目实施机构签署 PPP 项目合同;第四,对于付费机制为政府付费或可行性缺口补助的项目,项目涉及的政府支付义务已纳入政府预算。

同时,PPP 项目具有较强的项目融资特性,因此 PPP 项目贷款银行会对项目资产处置、现金流、担保、项目营运等提出较为严格的规定[1]:

(1) 项目资产处置限制:项目资产是 PPP 项目现金流或偿债资金来源的重要保障,贷款银行一般会在融资合同中对借款人处置项目资产的权力做出限制,如要求借款人不得放弃任何到期债权,也不得以无偿或其他不合适方式处理现有主要财产。

---

[1] 银行怎么看 PPP 项目:需满足 20 多项条件才给贷款 [N]. 经济观察报, 2015-06-20.

（2）项目现金流监管：项目现金流是银行贷款的主要还款来源，因此贷款银行一般会从贷款发放、资金支付、销售收入、成本支出、利润分配等环节对项目资金进行全流程的监督和控制。在贷款发放环节，一般要求借款人将项目资本金存入贷款银行，贷款发放与资本金同比例到位；在资金支付环节，一般要求由银行受托支付，直接支付给原材料供应商、设备提供商、施工方等借款人交易对方；在项目建成后，一般要求借款人将项目经营情况、财务报表等信息及时发送银行，并将项目销售收入全部纳入银行开设的监管账户；在利润分配环节，一般要求在贷款清偿前限制或不得分配利润。

（3）贷款担保要求：贷款担保是银行控制贷款风险的重要缓释措施。贷款银行一般要求项目公司提供项目资产抵押、股东保证担保、项目收益权质押等贷款担保措施。目前，在大部分 PPP 项目中，由于贷款银行对 PPP 项目本身的风险识别和防范缺乏经验，往往要求项目公司股东提供担保，从而影响了 PPP 项目实现有限追索的项目融资的实施。

（4）项目运营介入：由于 PPP 项目的提前终止可能会对融资方债权的实现造成严重影响，因此融资方通常会要求在发生项目公司违约且项目公司无法在约定期限内补救时，可以自行或委托第三方在项目提前终止前对 PPP 项目进行补救。为保证融资方的该项权利，融资方通常会要求在 PPP 项目合同中或者通过政府、项目公司与融资方签订的直接介入协议对融资方的介入权予以明确约定。

### （三）银行贷款的流程

贷款作为商业银行的成熟业务，已经形成了较为规范的操作流程。尽管贷款品种不同，但内在的、本质的管理流程基本一致。一般来说，一笔贷款的管理流程主要包括贷款申请、受理与调查、风险评价、贷款审批、合同签订、贷款发放、贷款支付、贷后管理和回收与调查九个环节，其中贷款申请人应重点关注贷款申请环节，其余八个环节为商业银行内部流程（如图 3-6 所示）。

贷款申请 → 受理与调查 → 风险评价 → 贷款审批 → 合同签订 → 贷款发放 → 贷款支付 → 贷后管理 → 回收与调查

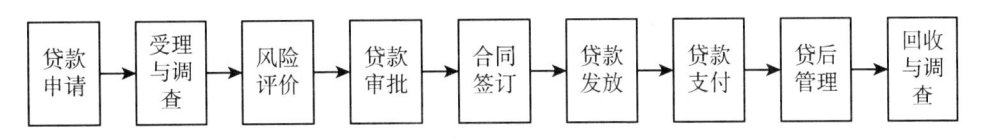

**图 3-6　银行贷款基本流程**

贷款申请的基本内容通常包括：借款人名称、企业性质、经营范围、申请贷款的种类、期限、金额、方式、用途、用款计划、还本付息计划等。

与一般贷款相比，银团贷款增加了银团贷款筹组环节。银团贷款的流程大致可分为委托、银团筹组和协议执行阶段（或称代理行跟进阶段），包含发起、设计、委托、分销、额度分配、文本确定、签约、放款和贷后管理各个环节（如图 3-7 所示）。

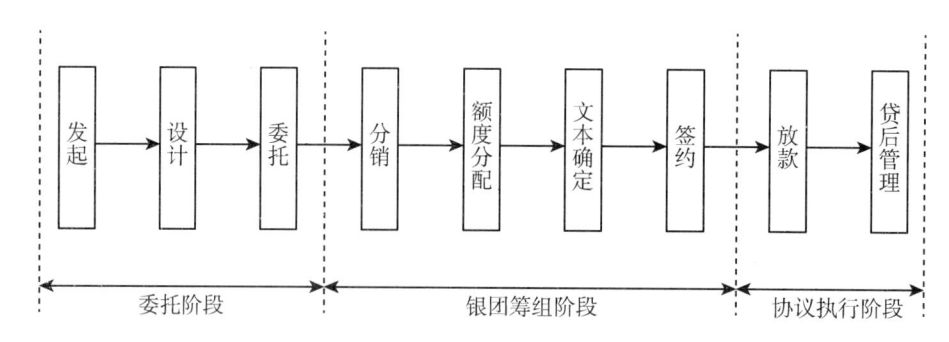

图 3-7 银团贷款流程

## （四）银行贷款在 PPP 模式融资中的优势与特色

PPP 项目不同阶段的资金需求及融资要求是不同的，针对 PPP 项目的不同阶段，可以选择不同的银行贷款模式使融资成本最小化。

固定资产贷款可满足 PPP 项目建设阶段融资需求。部分银行还推出了营运期项目贷款，作为固定资产贷款的子品种，用于已建成项目再融资。固定资产贷款期限较长，可根据 PPP 项目投资回收期、PPP 合同期限等合理确定贷款期限，一般为 10 年，部分可长达 30 年。

流动资金贷款可满足 PPP 项目运营阶段融资需求。流动资金贷款的贷款期限较为灵活，可以根据企业需求，在 5 年内灵活确定贷款期限，而且贷款支取较为方便，企业与银行签订流动资金贷款合同后，可以根据实际用款期限和金额，按照合同约定向银行办理贷款资金的支取，避免贷款资金长期占用，有效降低融资成本。

法人账户透支与一般流动资金贷款相比，法人账户透支业务最大的特点是简化项目公司获得银行短期融资的手续，满足项目临时性资金周转的要求，有利于加强项目公司财务管理水平，减少 PPP 项目资金的无效闲置，提高资金使用效率。

并购贷款适合于项目资产和股权并购及转让过程的融资需求。在 PPP 项目后续股权变更、资产转移等过程中，如涉及参与方或第三方对项目的股权或资产进行收购以达到控制地位的，可以通过并购贷款方式获取融资。贷款金额不超过并购股权或资产的六成，贷款期限不超过 7 年。同时，申请并购贷款的并购方应实现对并购标的控制权。对于 PPP 项目期满有偿移交的并购项目，应符合 PPP 项目的合同规定及监管部门对 PPP 项目移交流程的要求。

银团贷款由多家银行共同承担，能够满足大型 PPP 项目的贷款额度需求，并可根据实际需要，制订多币种、结构化的融资方案，灵活化贷款期限和还款方式。PPP 项目一般融资金额较大，融资期限较长，适合采用银团贷款方式进行项目融资。项目公司选择具有丰富 PPP 模式融资经验、牵头银团数量和金额排名领先的银行作为牵头行，并与牵头银行一起制订适合的融资方案和银团筹组方案，积极配合牵头行完成银团的筹组以保证融资到位。

## (五) 案例简介

### 案例一：东方有线"NGB及整转项目"融资案例

(1) 项目概况。东方有线网络有限公司（以下简称东方有线）经营着全球最大的有线电视城域网——整个上海市的有线电视网络资源，拥有带宽、用户资源、光纤资源和规模运营的优势，是集有线电视、家庭宽带、互动电视、企业数据等于一体的全业务运营商。

上海是经国务院批准的全国有线电视系统唯一的"视频、语音、数据三网融合"业务试点城市，东方有线早在2001年就基本完成中心城区有线电视网络的双向改造，拥有全国有线电视网络系统最多的宽带用户。上海市郊区县下一代广播电视网（NGB）建设及有线电视数字化整体转换项目（以下简称NGB及整转项目）是上海市2013年重大项目之一，项目目标为2011～2015年期间完成覆盖本市郊区县357万户的NGB网络建设与328万户有线电视整体转换，地理位置覆盖上海市闵行、宝山、松江、嘉定、奉贤、青浦、金山、崇明和浦东新区部分区域。

该项目是经市人代会通过，并由市重大工程建设办公室以《沪重建（2013）3号文》明确的市重大项目，公益性显著，具有典型的PPP项目特征。既能推动上海市产业文化的发展，也能促进NGB创新成果向长三角乃至全国的转移、扩散，发挥上海NGB示范城市的龙头带动作用和辐射示范作用。

(2) 项目运作模式。该项目的运作模式为BOO（Building-Owning-Operation）模式，是一种市场化运行模式。即由东方有线投资并承担项目的设计、建设、运行、维护、培训等工作，硬件设备及软件系统的产权归属东方有线，而由政府部门负责宏观协调、创建环境、提出需求。

(3) 项目融资方案设计。项目总投资额39.8亿元，投资构成包括：企业自有资金8.7亿元、各区财政整转机顶盒补贴5.16亿元、市级财政补贴资金9.54亿元、银行贷款16.4亿元。

东方有线总公司与八家下属子公司作为项目融资主体及共同借款人，本项目由国家开发银行上海市分行作为主牵头行授信额度15亿元，某商业银行支行作为副牵头行、代理行、资金监管行和参贷行授信额度5亿元，并签订四方银团贷款协议明确各自权利义务，可完全覆盖项目资金需求。银团贷款还款来源为各子公司有线电视收视维护费收费，并以项目涉及的各郊区县有线电视收视维护费收费权及其项下全部收益作为质押，且共同借款人对本项目贷款负有连带清偿责任。某商业银行将使用现金管理平台为东方有线总公司及各子公司近20个账户的项目资金及收费质押账户进行管理，将项目相关投资资金、银团贷款资金及各子公司收视费通过现金管理平台虚拟账户分户核算功能对各公司每笔项目资金的收入与支出进行监管，同时提供不同性质资金的分户监控及各类统计信息管理功能。

**案例二：四川嘉博文餐厨废弃物处理项目融资案例**

（1）项目概况。北京嘉博文生物科技有限公司运用其自主研发的有机废弃物快速发酵技术（以下简称 BGB 技术），把生活垃圾中最难处理的餐厨废弃物、畜禽粪便、粮食加工副产品等有机废弃物在 10 小时内发酵，快速、无二次污染地处理，转化成高价值的生物腐植酸肥料，并应用于生态绿色有机农业，实现有机废弃物的"减量化、无害化、资源化"的资源循环再利用。2010 年该模式被哈佛商学院列入 MBA 教学案例，嘉博文成为中国餐厨垃圾处理行业标杆企业，也是唯一获得农业部土壤调理剂证书及生物饲料试点生产许可的餐厨废弃物处理企业、中关村国家自主创新示范区首批创新型企业。

四川嘉博文生物科技有限公司（以下简称四川嘉博文）由北京嘉博文生物科技有限公司（以下简称嘉博文）100%持股，四川嘉博文与成都市城市管理局签署了《成都中心城区餐厨垃圾无害化处理项目特许权协议》，项目采用 BOT 模式，由四川嘉博文负责出资建设、管理和经营（BOT）餐厨废弃物处理站，为政府提供餐厨废弃物处理服务。

（2）项目融资方案设计。第一，融资品种：固定资产项目贷款。第二，融资期限：3 年。第三，担保方式：嘉博文及其实际控制人提供连带责任保证担保，追加收费权质押、土地及房产抵押。

## 三、信托融资方式

### （一）信托公司参与基础设施投资的历史

信托公司参与基础设施项目投资的历史并不短，但在 2014 年之前主要以政信类信托的方式开展。政信类信托指信托公司与各级政府在基础设施、民生工程等领域开展的合作业务，这类项目的还款通常会有地方政府或地方财政局做出承诺，或者直接就是以地方政府的债权收益权作为融资标的。政府类信托一般都是以政府的财政预算或者政府类的应收账款作为还款的保障。2014 年 9 月，国务院下发《国务院关于加强地方政府性债务管理的意见》，要求地方融资平台剥离政府融资职能，同时不得新增政府债务。由于目前政信类项目合作模式大多都是以与平台公司合作作为主要开展方式，这一条款将对现行政信合作操作模式产生较大的影响。43 号文在剥离政府融资平台公司政府融资职能的同时，推广使用政府与社会资本合作模式（PPP）。自从 43 号文出台以来，PPP 项目一直是信托公司的研究热点。

## （二）信托公司参与 PPP 项目的主要融资模式及操作要点

### 1. 信托贷款

（1）PPP 项目建设期的信托贷款。在 PPP 项目的建设期，尤其在 PPP 项目建设的前、中期，PPP 项目存在着较大的融资需求。

在建设前、中期，PPP 项目尚未开始运作，自身无法产生现金流，故信托公司一般不愿意通过采取受让收益权等购买权益行为来为 PPP 项目进行融资。同时 PPP 项目期限较长，后续项目开发进度、盈利能力等均存在不确定性，因此，为保障信托公司债权的确认及实现，信托公司也不太会在此时采取较为复杂的或非常规的交易结构为 PPP 项目进行融资。

因此，信托贷款在此阶段可以成为较为不错的融资方式，具体交易结构如图 3-8 所示。

图 3-8 信托贷款交易结构

如 PPP 项目正处于前期设计或建设阶段，且项目公司股东投入的资本金尚不足以保障 PPP 项目后续的主要建设资金或 PPP 项目的后续建设资金仍需通过对外融资方式取得的，信托公司可以直接向项目公司的股东发放贷款，并由项目公司股东通过合法形式将该融资款项用于 PPP 项目的建设中。在该阶段，因 PPP 项目自身尚无法产生现金流，且项目公司正处于前期投入阶段，故该阶段的贷款的主要还款来源及担保措施无法依赖项目公司，仅能依赖于项目公司的股东。

（2）PPP 项目即将或已经处于运营阶段的信托贷款。如 PPP 项目即将或已经处于运营阶段，或虽 PPP 项目正处于前期设计或建设阶段，但项目公司股东投入的资本金足以保障PPP项目后续的主要建设内容或PPP项目的后续建设资金基本已落实的,则考虑到项目公司后续通过融资活动产生的现金流足以使得项目公司高效运作,故此时信托公司既可以选择项目公司股东,也可以选择项目公司作为借款人。尤其在PPP项目公司即将或已经处于运营阶段时,信托公司应当着重注意对PPP项目现金流收入的控制,并尝试将PPP项目的收益(供水、供热、发电、污水垃圾处理收入等)作为主要还款来源或在收费权等权利上设置担保措施。

### 2. 信托计划直接投资

社会资本投资PPP项目的主要方式之一为股权投资。即社会资本与政府部门或地方政府融资平台新设项目公司,共同负责PPP项目的设计、建设与运营。信托公司作为社会资本之一,可通过股权投资方式直接为PPP项目提供融资,并通过PPP项目分红收回投资。这种模式对信托公司全面识别风险能力以及就风险分担机制与政府谈判能力的要求最高。交易结构如图3-9所示。

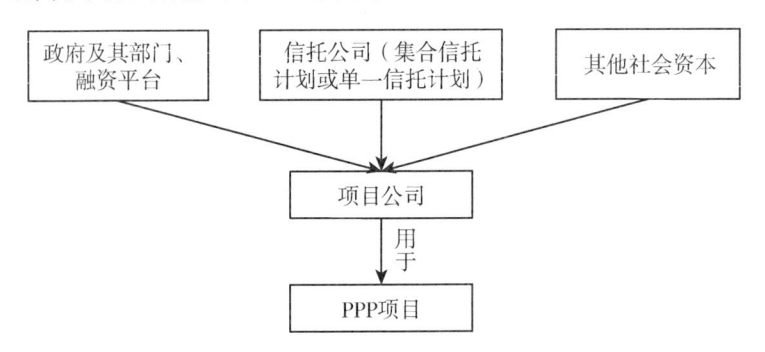

```
┌─────────────┐  ┌─────────────┐  ┌─────────────┐
│政府及其部门、│  │信托公司(集合信托│  │  其他社会资本  │
│  融资平台   │  │计划或单一信托计划)│  │             │
└─────────────┘  └─────────────┘  └─────────────┘
        │              │                │
        └──────────────┼────────────────┘
                       ▼
                ┌─────────────┐
                │   项目公司   │
                └─────────────┘
                       │ 用
                       │ 于
                       ▼
                ┌─────────────┐
                │   PPP项目   │
                └─────────────┘
```

**图3-9 信托直接投资PPP项目公司交易结构**

上述交易中信托公司遇到的最大阻碍就是,投资于信托产品的公众投资者绝大多数旨在追求投资本金在短期内(一般为1~2年)实现投资回报,然而PPP项目从投入至运营期通常会耗时几年甚至十几年时间,并且投资回报存在一定的不确定性。因此,上述交易结构仅适用于某些长期机构投资者,如保险资金、银行资金。

虽如此,但并不代表信托公司无法通过股权投资的形式为PPP项目提供融资服务。众所周知,股权投资对于信托公司最大的弊端即为收益分配的不确定及退出方式的不确定。因此,在信托公司选择通过股权投资形式为项目公司提供融资服务时,应当首先设计完整的收益保障及退出保障结构。因收益保障最核心的要求为收益定期(如按季或每半年)支付,退出保障最核心的要求为信托本金按时支付,故信托公司可以在投资项目公司股权的同时,即要求项目公司其他股东受让信托公司拟持有的股权或股权收益权。如果在信托计划存续期间恰逢PPP项目的运营期间,为获取超额收益,信托公司还可与项目公司股东就超额收益按照一定比例进行分成。

股权投资交易结构中另外一个较为棘手的问题为信托公司持有股权的管理。众所周知,现国家政策鼓励对基础设施项目、公共服务通过PPP项目建设,一方面为缓解地方财政压力,另一方面为引进社会资本的技术、管理、经验,进而使得政府的发展规划、市场监管、公共服务职能，与社会资本的管理效率、技术创新动力能够实现有机、高效的结合。因此，在信托公司作为股东通过股权转让或增资方式进入项目公司后，务必将承担其股东责任和社会责任。然而信托公司作为信托产品的发行者与受托人，在目前的公司管理模式和发展阶段，几乎无法在专业管理人员、技术人员及专业技能、经营上达到行业平均水平。因此，信托公司在专业能力短板的限制下，很可能无助于甚至不利于PPP项目的顺利建设与运营，进而影响投资收益。因此，在该交易结构下，信托公司可选择将其所持有的项目公司股权委托给专业的第三方管理。而在第三方选择的过程中，可以首选项目公司中的产业投资人股东。具体原因如下：一方面，产业投资人股东参与PPP项目最主要的原因就是有利可图，在这一点上，其与信托公司的目的是一致的，因此信托公司将股权委托给该类股东管理，至少能够保证委托人和受托人的核心目的一致，受托人在行使股东权力的过程中，在为自身谋利益的同时也实现了信托公司的利益。另一方面，政府在选择PPP项目产业投资人股东的时候，已经充分考虑了社会资本合作方的资质、专业、技术、管理及人员配置等，产业投资人股东的专业水平可得到保障。

实践中信托公司设立的信托计划以直投方式投资PPP项目大致有两种模式：一种是信托计划作为单独的财务投资人；另一种是信托计划与产业资本方组成联合体进行投资：

（1）信托计划作为单独的财务投资人。在该模式下，信托计划作为单一社会投资主体承接PPP项目投资、建设、运营；该模式对信托公司资源整合能力要求较高，需要信托公司对项目全过程运作有较强把控力；项目公司成立后需要进行二次招标确定工程总承包单位。该等模式典型的架构如图3-10所示。

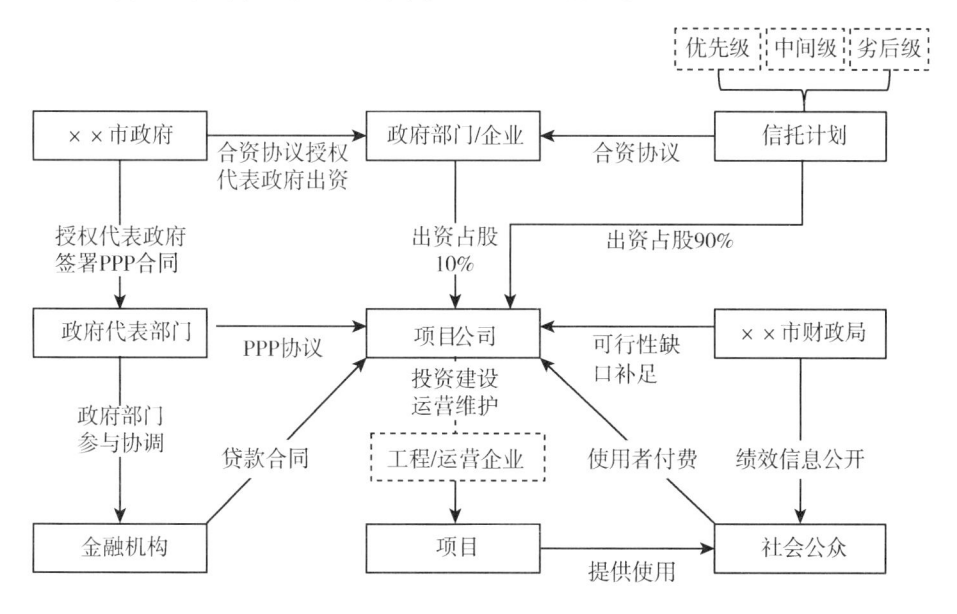

图3-10 信托计划作为单独的财务投资人

案例简介：2015年7月6日，中信信托"唐山世园会PPP项目投资集合资金信托计划"正式成立。该项目被誉为首单信托 PPP 项目，实际上即是由中信信托设立的信托计划作为单独的财务投资人投资项目公司。

标的项目情况如下：2016 唐山世界园艺博览会基础设施及配套项目是国内采用 PPP 模式建设和举办的最高级别专业性国际博览会，特许经营期为 15 年，预计该项目总投资 33.67 亿元，其中代表政府的南湖投资公司、世园管理公司应投入项目公司的注册资本为 4.05 亿元，中信信托通过信托计划出资 6.08 亿元，剩余资金投入通过银行贷款来解决。按照相关规划，经唐山市人民政府批准，政府与社会资本共同组建项目公司，对项目融资、建设、运营维护管理和资产管理全过程负责，政府依据相关法律法规在融资、建设、运营过程中给予相关支持和财政补贴。

该项目的交易结构为：中信信托作为委托人募集资金成立唐山世园会 PPP 项目投资集合资金信托计划，与唐山市政府出资机构共同设立项目公司——唐山世园投资管理有限公司，具体负责唐山世园会基础设施项目建设和运营。中信信托持股 60%，而唐山市政府方面（南湖投资公司、世园管理公司）则持股 40%。该项目公司持有唐山 2016 世园会园区资产及特许经营权，并将进一步引进外部机构资金，完成建设并实现收益按股权分配后即用以作为信托计划投资人收益。据了解，该信托计划预期社会资本投资回报率为 8%。

（2）信托计划与产业资本方组成联合体进行投资。在该模式下，信托计划与产业资本方（如施工总包商、运营商）组成联合体投标项目，中标合资成立项目公司承接 PPP 项目投资、建设、运营。信托公司定位为财务投资人，主要负责项目的投融资及财务管理工作，项目建设及运营以产业资本方为主。项目公司成立后直接与有资质联合体成员签署工程总承包协议，无须二次招标。这是目前 PPP 项目主流模式，招标方案主要以工程企业资质及业绩能力为主，信托公司作为配合方参与。该等模式典型的架构如图 3-11 所示。

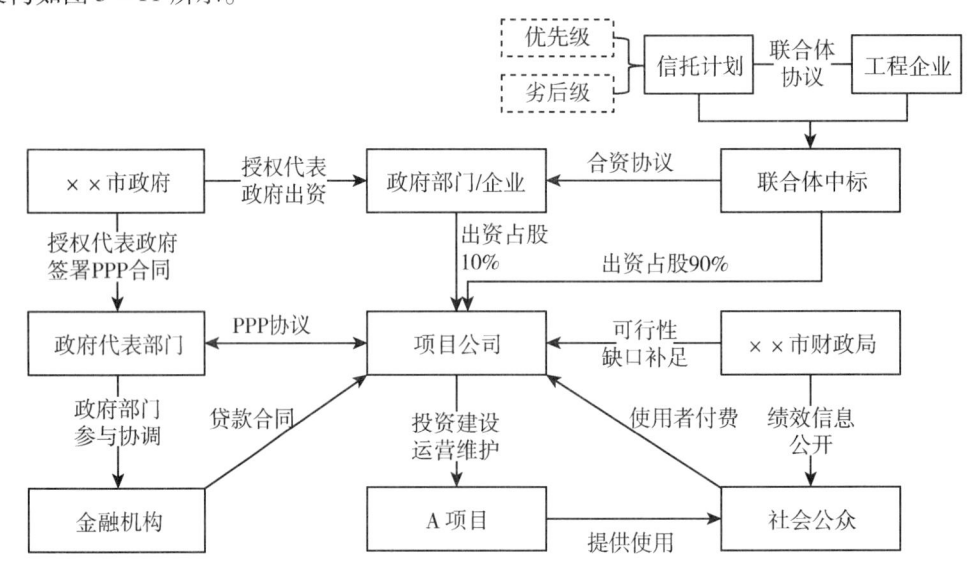

图 3-11 信托计划与产业资本方组成联合体进行投资

该等模式的典型案例包括：2015年外贸信托与中建新疆建工（牵头人）作为联合体中标"泸州市沱江西路、南北滨公路及南北滨公园PPP项目"，其中外贸信托与中建新疆联合体作为竞争性磋商中标人与政府方合资成立项目公司。2016年建信信托、中冶交通（牵头人）、北京市建筑设计院作为联合体中标"郑州惠济区老鸦陈、张砦、双桥村棚户区改造建设PPP项目"。

### 3. 信托计划间接投资

信托计划间接投资即为信托计划通过股权投资基金的方式参与项目融资，通常方式为投资者认购信托计划，信托计划与政府机构（或是代表政府的平台公司）和（或）产业投资人先成立股权投资基金，由政府机构（或是代表政府的平台公司）和（或）产业投资人认购部分劣后级LP份额，信托公司认购优先级LP份额并享受固定收益。信托公司仅作为财务投资人，不承担项目管理职能。政府机构（或代表政府的平台公司）和（或）产业投资人在一定期限以后回购信托计划份额。信托期限可以较短。由于地方政府和（或）产业投资人提供回购义务，可以进行期限错配操作。

实践中信托公司设立的信托计划参与基金投资根据基金类型的不同大致也有两种模式：一种是信托计划作为政府产业引导基金优先级LP；另一种是信托计划作为PPP社会化股权投资基金的优先级LP。

（1）信托计划作为政府产业引导基金优先级LP模式的典型架构如图3-12所示。

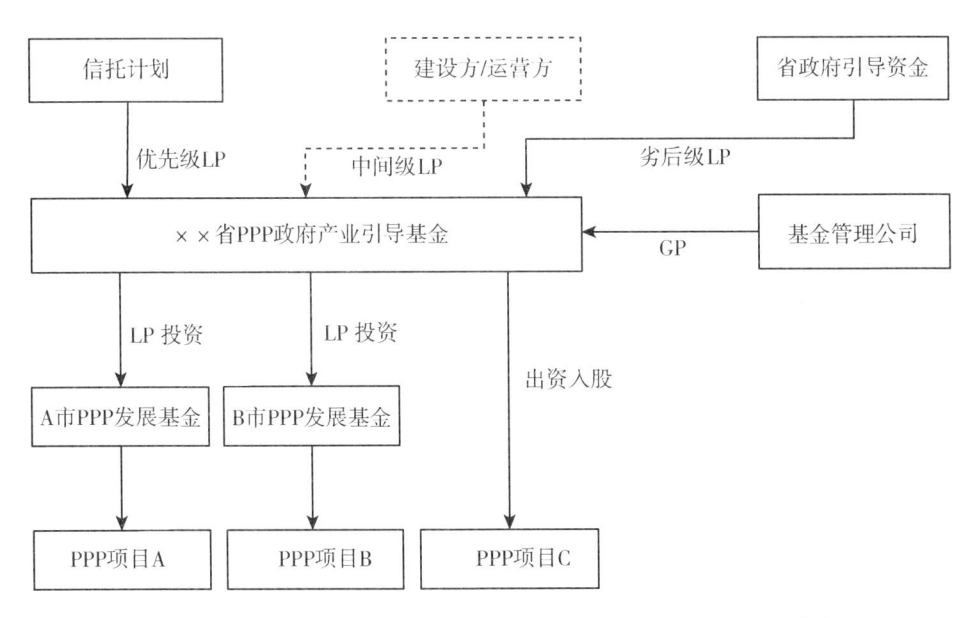

图3-12 信托计划作为政府产业引导基金优先级LP模式

（2）信托计划作为PPP社会化股权投资基金优先级LP的典型架构如图3-13所示。

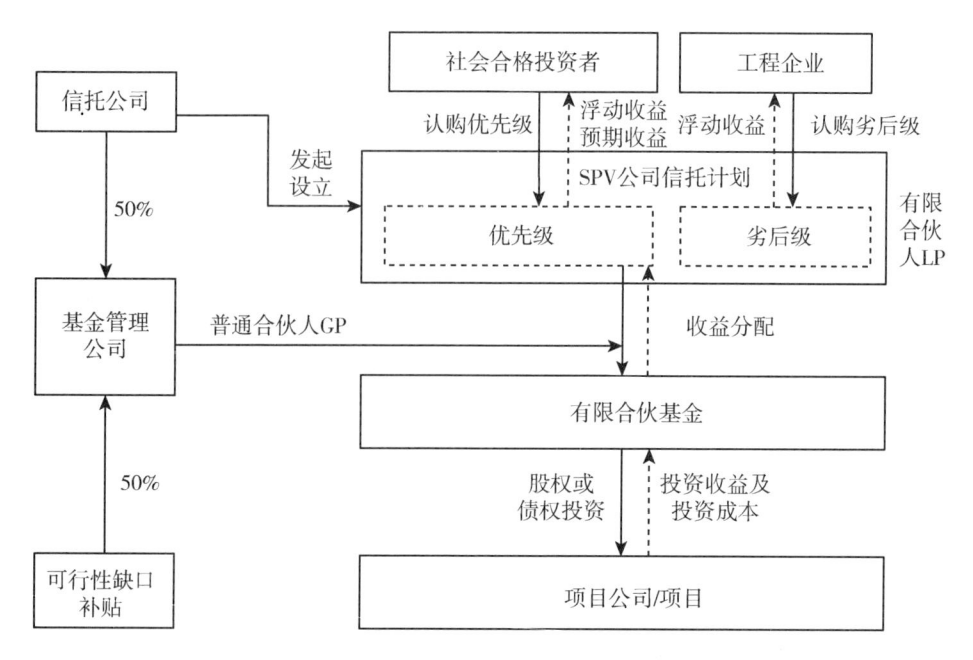

**图 3-13　信托计划作为 PPP 社会化股权投资基金的优先级 LP**

**案例简介：** 2016年2月，山西省财政厅与兴业银行、兴业信托、北京首创集团共同发起设立"山西省改善城市人居环境 PPP 投资引导基金"，该基金由省级母基金和市县级子基金构成，母基金先期规模为 16.1 亿元，子基金 128 亿元。母基金将由兴业信托通过设立信托计划出资 12 亿元，持有 74.53% 的份额。该信托计划的出资方为兴业银行。引导基金主要用于投入城市基础公共设施，即城市供水、供气、供热、污水处理、垃圾处理、园林绿化、地下综合管廊和轨道交通八个方面城市基础设施运营 PPP 模式项目，有利于吸引更多的社会资本和民间资本投入到山西省改善城市人居环境领域。除了持有母基金份额外，兴业信托还与晋中投资集团、首创资本共同签订了《晋中市改善城市人居环境 PPP 投资基金意向书》，拟共同探讨发起设立晋中市改善城市人居环境 PPP 投资基金，一期规模为 16 亿元人民币，由首创资本作为基金管理人并负责其管理运作。

### 4. 信托计划购买收益权、债权

PPP 项目进入运营阶段现金流开始产生，但该现金流很可能无法覆盖项目公司的前期融资成本，因此在该阶段，PPP 项目仍可能有很大的融资需求。

而在此阶段，因 PPP 项目已经开始或即将开始产生现金流，故信托公司可将融资还款来源的重点放在 PPP 项目的现金流上。因此，信托公司可采取购买该现金流的方式实现融资。PPP 项目的现金流受让的权利基础为项目公司享有的特许经营权、购买服务协议项下的收益权、工程供水、供热、发电、污水垃圾处理的收费权等。由此可见，信托公司可通过购买前述收益权等方式，为项目公司提供融资服务。具体交易结构如图 3-14 所示。

第三章　PPP 项目的融资方式

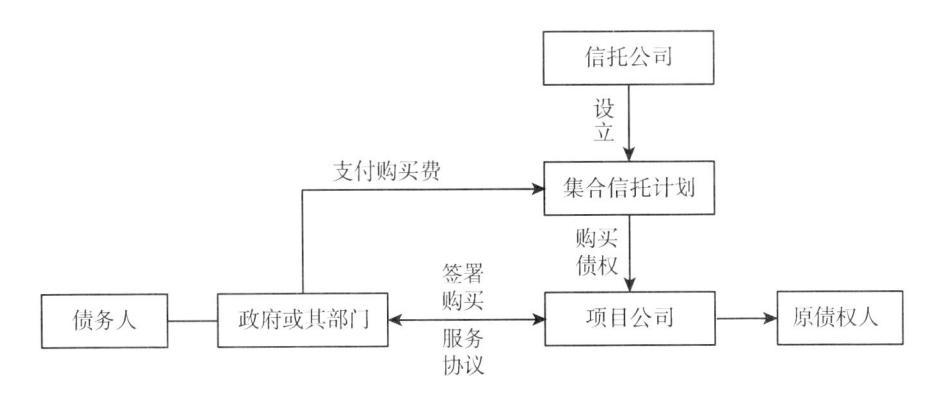

图 3-14　设立信托计划购买收益权、债权

**5. 其他形式**

考虑到 PPP 项目的融资期限长、融资成本低等因素，信托公司参与 PPP 模式融资确实存在着一定的现实阻碍因素。但在 PPP 项目进入运营后，随着现金流的产生，信托公司可以着重在现金流上进行创新，如设立财产权信托、可以与其他机构合作尝试资产证券化业务等。

## 四、保险资金参与的融资方式

### （一）保险资金投资 PPP 的优势

保险资金的特点是期限长、追求稳定收益，比较适合投资 PPP 项目。PPP 项目对资金的需求分两阶段：一是建设期；二是经营期，保险资金更适合投入在 PPP 项目的经营阶段。保险资金投资于 PPP 项目存在如下特有的优势：

**1. 资金匹配度高**

保险公司资金来源于保单的销售。对于保险公司尤其是寿险公司来说，由于保障型保单的期限长、分期缴纳，因此保险资金具有负债期长、规模较大、获取成本低的特点。这些特点体现在投资端，就是保险公司希望能够找到投资规模大、时间长、收益稳定的项目。与国家 PPP 政策所鼓励的投资收益稳定、回收期长的国内基础设施和基础产业建设项目，具有天然的适配性。

**2. 国家政策支持**

《国务院关于加快发展现代保险服务业的若干意见》中明确指出："要充分发挥保险资金长期投资的独特优势；鼓励保险资金利用债权投资计划、股权投资计划等方式，支持重大基础设施、棚户区改造、城镇化建设等民生工程和国家重大工程。"2015 年 8

月 23 日，国务院进一步发布《基本养老保险基金投资管理办法》，规定养老基金净额 20% 以内的资金可以投资于国家重大项目和重点工程的建设。

### 3. 可投资范围广

PPP 项目包括股权融资和债务融资两个部分。从股权融资角度来说，社会资本提供的资金有限，回报要求高，很难承担大量 PPP 项目的实施，而商业银行由于《商业银行法》对股权投资的限制，无法直接投资进入 PPP 项目公司担任股东。但保险资金既可作为 PPP 项目公司股东也可作为项目公司提供债务融资，全方位满足项目建设、运营的资金需求。

### 4. 保险资金投资方式

（1）基础设施债权投资计划（以下简称债权投资计划）。根据《基础设施债权投资计划管理暂行规定》中对基础设施债权投资计划的定义，"保险资产管理公司等专业管理机构作为受托人，向委托人发行受益凭证，募集资金以债权方式投资基础设施项目，按照约定支付预期收益并兑付本金的金融产品"。

债权投资计划主要涉及交通、通信、能源、市政、环境保护等基础设施建设领域。融资主体通常为项目公司或社会资本，要求具有稳定可靠的收入和现金流，财务状况良好，还款来源明确且真实可靠。债权投资计划原则上要求有效的信用增级，包括银行担保或保险会认可的高评级企业提供担保。债权投资计划具有资金量大、期限长（一般在 7~10 年）、成本低、运用灵活的特点，既适合 PPP 项目建设时的债务融资，也适合在建设完成后替换其他高成本、短期限的融资。

（2）股权投资计划。股权投资计划指保险资产管理公司向保险机构等投资者募集资金，以股权方式投资基础设施/不动产项目或股权投资基金，由符合要求的回购主体承诺在一定期限内回购并支付本息的金融工具；投资项目、增信方式的选择标准基本与债权投资计划产品相同。保险的股权投资计划类似于商业银行的名股实债产品，但期限更长，收益要求更低，非常适合有较强回购主体的 PPP 项目资本金融资需要。

（3）资产支持计划。2015 年 9 月 11 日，保监会下发《资产支持计划业务管理暂行办法》，指出："资产支持计划（以下简称支持计划）业务，是指保险资产管理公司等专业管理机构作为受托人设立支持计划，以基础资产产生的现金流为偿付支持，面向保险机构等合格投资者发行受益凭证的业务活动。"其实质为由保险资产管理公司发行的基于稳定现金流资产的资产证券化产品。在 PPP 项目由项目建设期进入项目运营期，尤其是产生了稳定现金流后，即可对接资产支持计划业务。

（4）借助信托通道的投资。保险资产管理公司根据相关法规规定，通过以融资顾问等形式与信托公司合作，参与发行集合资金信托计划，向保险机构等机构投资者募集资金，并按照约定支付本金及收益的金融工具。该模式下，出资方和管理方实质均为保险公司及其下属资管公司，信托仅作为通道。由于无须募集资金，也无须注册产品，此类投资更加方便，在 PPP 项目公司层面，保险资金可以直接通过信托通道入股成为项目公司股东，也可以通过信托通道给项目公司发放信托贷款，为 PPP 项目建设提供股权 + 债权的资金支持。

（5）通过股权投资基金的投资。由于 PPP 模式可运用到公共服务的各个领域，各个领域的行业特征、风险分配等都有自己的特殊性，因此对保险机构的专业性提出了更高的要求。但目前保险机构的投资团队规模不大，基础设施类的直接投资业务一般集中在资管公司的某些专业投资部门，人手相对精简，对具体行业、项目掌控和了解深度都有限，缺乏足够的投后管理人员去运营和监管项目，使得保险资金投资方会对 PPP 项目投资持谨慎态度。为解决上述投资专业性的问题，可由专业的资产管理机构、产业投资人和保险资金合作成立 PPP 股权投资基金，再投入到 PPP 项目中。在该种模式中，资管机构负责寻找优秀项目，产业投资人提供信用增级并对项目建设、运营进行管理，而保险机构则主要作为资金方在产业投资人信用增级的基础上来提供资金支持。

（6）保险资金直接股权投资。按照保监会 2012 年 7 月下发的《关于保险资金投资股权和不动产有关问题的通知》，保险机构 10% 的总资产可用于投资未上市企业股权、股权投资基金等相关金融产品。保险机构可直接作为股东投资资金到项目公司中。由于资金全部为保险自营资金，期限长、成本低，保险机构完全可以持有对 PPP 项目的股权投资至政府收回（适用于 BOT 等项目）或长期一直持有（适用于 BOO 项目）。

## （二）案例简介

### 案例一：天津地铁保险债权计划融资项目

2012 年，天津市政府拟通过地铁集团向社会进行债权融资，融资资金全部用于天津地铁 6 号线项目建设，融资金额为 27 亿元，融资期限为 5 年。泰康保险资产管理有限公司和某银行股份有限公司合作，由某集团为某银行提供保证反担保，某银行提供融资性保函增信，泰康人寿出资，注册泰康－天津地铁债权计划。为天津地铁集团提供债权融资，协助项目顺利推进，具体融资结构如图 3 – 15 所示。

目前，通过保险债权计划来募资进行地铁、污水处理、公路等基础设施建设的市场案例很多，但融资主体主要为政府平台企业或政府提供明确增信的项目，PPP 主体 SPV 公司本身直接作为融资主体，注册保险债权计划，仍需要突破社会资本增信、保监会风控政策等多方面的限制。

### 案例二：京沪高铁保险股权投资计划项目

为建设和运营京沪高铁，由中国铁路建设投资公司、平安资产管理有限责任公司、全国社会保障基金理事会、上海申铁投资有限公司、江苏交通控股有限公司、北京市基础设施投资有限公司、天津城市基础设施建设投资集团有限公司、南京铁路建设投资有限责任公司、山东省高速公路集团有限公司、河北建投交通投资有限公司、

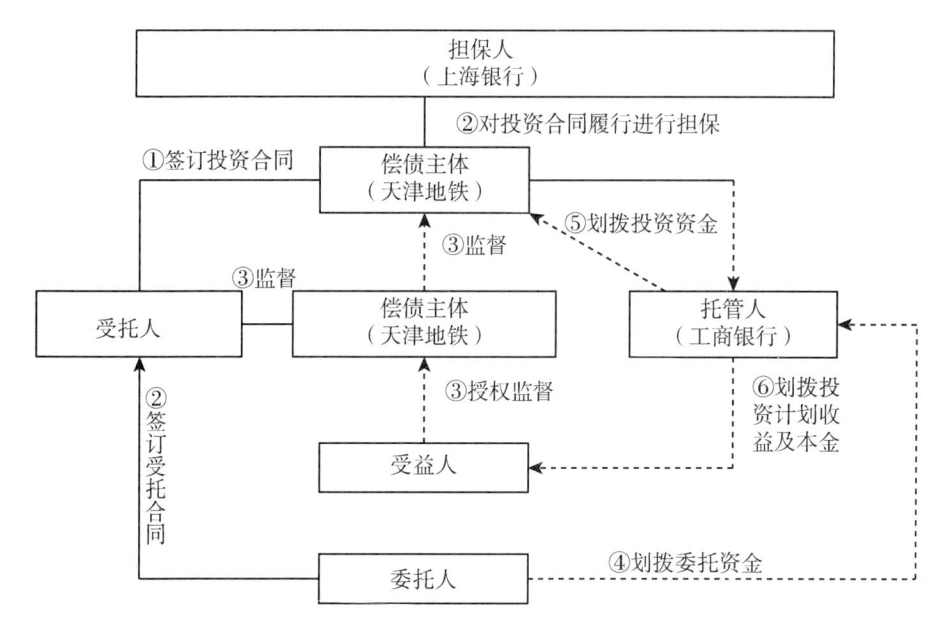

图 3-15 天津地铁 6 号线项目融资结构

安徽省投资集团有限责任公司共同发起设立了京沪高速铁路股份有限公司。公司通过国家投资和社会资本投资相结合的方式募集资金进行投资。2008 年，正式引入由平安资产、太平洋资产、泰康资产和太平资产作为发起人共同设立的"京沪高铁股权投资计划"作为第二大股东。这笔股权计划是保险公司对非上市公司股权的第一笔投资，且投资项目是有重大影响力的京沪高铁项目，因此具有非常重大的象征意义。[①]

## 五、债券融资方式

### （一）债券融资简介

随着资本市场的快速发展，金融产品不断推陈出新，直接债务融资产品的日趋多样化，我国已经初步形成了以银行间债券市场为主体、交易所市场为补充，两者分工合作、相互促进的债券市场格局。债券资本市场融资也将会是 PPP 项目一种重要的融资方式。目前我国的债券市场融资产品按照不同的管理部门，可以分为以下几类：（1）中国证监会：公司债、专项资产管理计划；（2）发改委：企业债、项目收益债；（3）银行间市场交易商协会：短期融资券、超短期融资券、中期票据、定向债务融资工具、项目收益票据、资产支持票据。

由于短期融资券、超短期融资券的融资周期较短，不符合 PPP 模式融资期限长、资金需求高的特点，本节中我们不对短期融资券和超短期融资券作分析。另外，由于

---

① 中国保险监督管理委员会．关于平安—京沪高铁股权投资计划的审核意见［DB/OL］. 2008－06－20.

专项资产管理计划和项目收益债是 PPP 模式融资中重要和具备一定特殊性的融资手段，因此我们将专列两节分别进行单独介绍。

债券融资具有以下优点[①]：（1）能获得长期的、数额较大的资金来源；（2）企业能根据自身用途合理支配和使用发行债券所筹集到的资金；（3）发行债券属于长期负债，利息一般计入成本，可合理避税。

结合 PPP 项目实际情况来看，大多数项目公司都是在社会资本中标后为了单个 PPP 项目组建成立的，因此没有经营及财务数据作为参考，更不会有企业信用评级，通常规模也比较小，但无论是使用者付费、政府付费，还是政府可行性缺口补贴的 PPP 项目，一般都会有比较稳定的现金流，这是 PPP 模式融资最吸引投资者的地方。另外，PPP 项目周期一般都比较长，最短不少于 10 年，结合 PPP 项目的一般生命周期，应分阶段发行不同类型债券，满足 PPP 项目在不同阶段的融资需求。

## （二）债券融资产品

### 1. 公司债

（1）公司债的概念。公司债是指公司依照法定程序发行、约定在一定期限还本付息的有价证券。在 2015 年以前，根据《公司法》和《证券法》的规定，公司债还只能以公开发行的方式发售。自 2015 年 1 月 15 日《公司债券发行与管理办法》生效以后，公司债还可以以非公开发行的方式发售。这在 PPP 项目如雨后春笋般涌现的阶段，无疑是一个重大的利好消息。

（2）发行主体。为根据《公司法》设立的有限责任公司和股份有限公司，包括国有独资公司。

（3）发行方式。

①公开发行。公开发行公司债券须经中国证监会核准。资信状况符合以下标准的公司债券可以向公众投资者公开发行，也可以自主选择仅面向合格投资者公开发行：

第一，发行人最近三年无债务违约或者迟延支付本息的事实；

第二，发行人最近三个会计年度实现的年均可分配利润不少于债券一年利息的 1.5 倍；

第三，债券信用评级达到 AAA 级；

第四，中国证监会根据投资者保护的需要规定的其他条件。

②非公开发行。非公开发行公司债券仅可向合格投资者发行，承销机构或合法自行销售的发行人应当在每次发行完成后 5 个工作日内向中国证券业协会备案。

（4）产品优势。公司债特别是非公开发行的公司债对信用评级、公司性质等要求较低，绝大多数具备一定规模的公司均可发行，且发行程序简单。公司债所募集资金用途广泛，包括符合国家产业政策导向的固定资产投资、更新改造，以及改善公司资

---

[①] 何志刚. 中国债券融资功能研究 [M]. 经济管理出版社，2003.

金结构、调整公司负债结构、降低公司财务成本等。但公开发行公司债券筹集的资金，必须用于核准的用途，不得用于弥补亏损和非生产性支出。

## 2. 企业债

企业债一般融资规模较大，发行利率较低，能有效为企业提供稳定长期资金。

（1）企业债的概念。企业债券，是指企业依照法定程序发行、约定在一定期限内还本付息的有价证券。企业债券发行受发改委会同中国人民银行、财政部、国务院证券委员会拟订的全国企业债券年度规模和规模内的各项指标的限制，未经国务院同意，任何地方、部门不得擅自突破企业债券发行的年度规模，并不得擅自调整年度规模内的各项指标。企业债实行核准制，由国家发展改革委员会核准。

（2）发行主体。企业债的发行主体为具有法人资格的企业。在实践中，根据发债主体的不同主要分为城投债和产业债，由国有城市建设投资类企业发行的企业债称为城投债，以筹集资金用于基础设施和公用事业建设，债券的本息主要由企业的经营收益进行偿还。除城投债以外的企业债称为产业债。产业债的发行主体一般为非城投类国有企业。

因此在传统的由政府投资平台投资基础设施和公用事业建设的时期，企业债发挥着重要的作用。而随着 PPP 模式的推进，由于 PPP 项目中的项目公司是由社会资本单独或和政府指定出资机构成立的有限责任公司，可以有更多元化的融资工具可以选择，企业债不再作为企业的首选。

（3）发行方式。企业债必须经公开发行的方式进行。企业公开发行企业债券应符合下列条件：

①股份有限公司的净资产不低于人民币 3 000 万元，有限责任公司和其他类型企业的净资产不低于人民币 6 000 万元。

②累计债券余额不超过企业净资产（不包括少数股东权益）的 40%。

③最近三年平均可分配利润（净利润）足以支付企业债券一年的利息。

④筹集资金的投向符合国家产业政策和行业发展方向，所需相关手续齐全。用于固定资产投资项目的，应符合固定资产投资项目资本金制度的要求，原则上累计发行额不得超过该项目总投资的 60%。用于收购产权（股权）的，比照该比例执行。用于调整债务结构的，不受该比例限制，但企业应提供银行同意以债还贷的证明；用于补充营运资金的，不超过发债总额的 20%。

⑤债券的利率由企业根据市场情况确定，但不得超过国务院限定的利率水平。

⑥已发行的企业债券或者其他债务未处于违约或者延迟支付本息的状态。

⑦最近三年没有重大违法违规行为。

（4）产品优势。2015 年 11 月 30 日国家发展改革委发布《关于简化企业债券申报程序加强风险防范和改革监督方式的意见》，推进企业债券发行管理由核准制向注册制过渡：

①进一步精简申报材料，提高审核效率；

②放宽信用优良企业发债指标限制，债项级别为 AA 及以上的发债主体，不受发债企业数量指标的限制；

③为满足项目前期资金需求，企业债券资金可用于处于前期阶段的项目建设；

④为提高债券资金使用效率，对闲置的部分债券资金可用于保本投资、补充营运资金或符合产业政策的其他用途；

⑤允许债券资金按程序变更用途。

PPP 项目发行企业债，一方面可使得地方政府在债券发行计划上给予发行企业一定的倾斜，另一方面为发行企业提供诸如隐性担保、开发许可和税收优惠等各种优惠政策，不但有利于项目企业在项目初期筹集资金，也保证了企业在项目建造和运营阶段具备了相当的偿债能力。[①]

（5）公司债与企业债的区别。公司债与企业债容易混淆，两者的主要区别如下：

第一，发行主体的差别。根据《公司法》的规定，公司债是由有限责任公司和股份有限公司发行的债券，因此，非公司制企业不得发行公司债。企业债是由具有法人资格的企业发行的债券，非公司制企业只能发企业债，企业债的适用范围更为广泛。

第二，发债资金用途的差别。公司债是公司根据经营运作具体需要所发行的债券，它的主要用途包括固定资产投资、技术更新改造、改善公司资金来源的结构、调整公司资产结构、降低公司财务成本、支持公司并购和资产重组等，因此，只要不违反有关制度规定，发债资金如何使用几乎完全是发债公司自己的事务，无须政府部门审批。而企业债的发行需符合发改部门审核批准的用途，用于本企业的生产经营，不得用于弥补亏损和非生产性支出。

第三，申请条件差别。

第四，管制程序的差别。公开发行公司债须经中国证监会核准；非公开发行公司债实行备案制，在每次发行完后向中国证券业协会备案即可，无须审批和核准，监管机关无权限制其发债行为。我国企业债的发行中，发债需由地方企业直接向省级发改委提交申请，再由省级向国家发改委转报，国家发改委对申报材料的完备性、合规性开展技术评估予以核准，并且强调事中事后的监管。

第五，持续期限的差别。企业债的期限大多在 5 年以上，而公司债的期限则大多在 3~5 年。

（6）国家发改委出台企业债专项债券指引。为加大债券融资对交通、水利、健康与养老服务、战略性新兴产业的带动和促进作用，发改委于 2015 年初相继出台了《城市地下综合管廊建设专项债券发行指引》《战略性新兴产业专项债券发行指引》《城市停车场建设专项债券发行指引》和《养老产业专项债券发行指引》。针对不同的行业提出优化专项债券品种方案设计，总结为以下几点：一是可根据项目资金回流的具体情况科学设计债券发行方案，支持合理灵活设置债券期限、选择权及还本付息方式。二是支持发债企业利用债券资金优化债务结构，在偿债保障措施较为完善的情况下，允

---

[①] 国家发展改革委员会. 关于进一步推进企业债市场化方向改革有关工作的意见 [DB/OL]. 2015-10-13.

许企业使用不超过 50% 的募集资金用于偿还银行贷款和补充营运资金。三是积极探索停车设施产权、专项经营权、预期收益质押担保、知识产权质押担保等形式。四是鼓励发债用于委托经营或 TOT 等方式,收购已建成的停车场统一经营管理,允许发债募集资金用于战略性新兴产业领域兼并重组、购买知识产权等。这一系列的文件进一步放开了企业债券的发行条件,使得企业债券得到更广泛的使用。

### 3. 非公开定向债务融资工具

非公开定向债务融资工具的准入标准比其他公开发行的债务融资工具较低,且融资方式较便捷,资金使用也较灵活。但由于非公开定向债务融资工具采取非公开定向方式发行,发行成本会因流动性溢价而高于同期限公募产品。[①]

(1) 非公开定向债务融资工具的概念。非公开定向发行是指具有法人资格的非金融企业,向银行间市场特定机构投资人发行债务融资工具,并在特定机构投资人范围内流通转让的行为。在银行间债券市场以非公开定向发行方式发行的债务融资工具称为非公开定向债务融资工具(以下简称为 PPN)。

(2) 发行方式。我国 PNN 采用注册制,交易商协会只对非公开定向发行注册材料进行形式完备性核对。接受发行注册不代表交易商协会对债务融资工具的投资价值及投资风险进行实质性判断。注册不能免除中介机构真实、准确、完整、及时披露信息的法律责任。PPN 无须履行公开披露信息义务,信息披露的具体标准和信息披露方式可在《定向发行协议》中明确约定,减轻了发行人的信息披露负担。

(3) 产品优势。PPN 不受注册额度不得超过企业净资产 40% 这一常规限制,一般根据发行人的实际资金需求及偿债能力灵活把握。由于采用私募发行,PPN 的信息披露方式和内容可由发行人和投资者约定,适合涉密企业。注册及后续备案发行的效率上,PPN 较公募发行的债务融资工具有较大优势,注册效率更好,且在额度有效期内采取先发行后备案的原则。由于 PPN 发行期限灵活,原则上企业可选择任意期限进行发行,也可以在注册有效期内选择不同期限分期发行。交易商协会针对发行 PPN 不强制要求信用评级。

### 4. 中期票据

中期票据(MTN),具有拓宽企业融资渠道,优化企业资产结构的优势,适用于成熟期的 SPV 公司。

(1) 中期票据的概念。MTN 是指具有法人资格的非金融企业(以下简称企业)在银行间债券市场按照计划分期发行的,约定在一定期限还本付息的债务融资工具。

(2) 发行方式。中期票据采取公开发行的形式,待偿还余额不得超过企业净资产的 40%。企业发行中期票据应制订发行计划,在计划内可灵活设计各期票据的利率形式、期限结构等要素。发行文件中约定投资者保护机制,包括应对企业信用评级下降、

---

① 杨超. 债务融资工具非公开定向发行:非金融企业直接融资的新渠道 [J]. 金融与经济, 2011 (6): 54-57.

财务状况恶化或其他可能影响投资者利益情况的有效措施,以及中期票据发生违约后的清偿安排。企业发行中期票据除应按交易商协会《银行间债券市场非金融企业债务融资工具信息披露规则》在银行间债券市场披露信息外,还应于中期票据首次发行公告之日,在银行间债券市场一次性披露中期票据完整的发行计划。

企业发行中期票据应披露企业主体信用评级。中期票据若含可能影响评级结果的特殊条款,企业还应披露中期票据的债项评级。

(3)产品优势。中期票据的期限跨度较大,目前市场上已经公开发行的中期票据中,期限最短的为2年,最长的为15年。由于采取公开方式发行,发行MTN的募集资金可用于置换银行贷款、补充经营流动资金缺口及项目建设。关于注册额度,中期票据待偿还余额不得超过企业净资产的40%。若发行主体的信用评级为AA以上(含AA),短期融资券和MTN额度互不占用。

PPP项目SPV一般可由社会资本方或SPV公司作为发行主体发行中期票据,并将募集资金用于处于建设期的PPP项目建设,或用于置换运营期PPP项目的银行贷款及补充PPP项目的运营资金。[①]

### 5. 永续中票

永续中票是指无固定到期日,期限为永久的一种具有永久性、高票息的永续债券,一般情况下附有发行人赎回条款和投资者要求对利息进行调整的条款。永续中票弥补了国内债券市场产品种类的又一空白。对发行人来说,发行永续债券只需要支付利息而没有还本的义务,是企业提高股本水平且又不摊薄股东权益的融资工具。无限定资金用途且资本金可超过项目资本金总额的50%,因此特别适合建设周期长或者运营时间久的PPP项目。

(1)永续中票的概念。永续中票是一种特殊的债务融资工具品种,是指在银行间市场发行的,具有永续债券性质、无固定到期日的债务融资工具。

(2)主要规则及特点。发行人没有偿还本金的义务,所以没有规定的到期日。但若不能在一个确定的时间归还本金,债券继续有效,投资人可继续获得利息。永续中票的利息水平一般很高。而且每隔一定期限票面利率就重置一次,且只增不减,这样的安排实际上达到了刺激发行人归还本金的效果。发行人可以无限次递延支付利息,选择在资金成本较低的年度付息节约财务成本,延缓兑付压力。

(3)产品优势。永续票据作为一个特殊的债务融资工具品种,根据会计准则的相关要求,它可被视作业主权益计入企业资产负债表的权益部分,也可被视作债务,列入资产负债表的负债部分,且由可计入业主权益的永续票据所募集的资金,可被视作项目的资本金。但通过永续票据募集的资本金,不可超过项目资本金总额的50%。关于注册额度,对于主体评级在AA级及以上的发行人,计入权益的永续票据注册额度单独管理;计入负债的永续票据视同普通中期票据进行额度管理。另外,发行人可根据

---

① 张雪莹,李琳. 中期票据市场发展的国际经验[J]. 中国货币市场,2008(5):36-39.

自身需求选择公开或定向方式注册发行永续票据。

由于发行期限无限制，永续票据很容易满足PPP项目建设运营周期的要求，同时可用作项目资本金。[①]

### 6. 项目收益票据

（1）项目收益票据的概念。项目收益票据（PRN），是指非金融企业在银行间债券市场发行的，募集资金用于项目建设且以项目产生的经营性现金流为主要偿债来源的债务融资工具。项目包括但不限于市政、交通、公用事业、教育、医疗等与城镇化建设相关的、能产生持续稳定经营性现金流的项目。

（2）发行方式。企业可选择公开发行或非公开定向发行方式在银行间市场发行项目收益票据。公开发行方式发行项目收益票据，应通过交易商协会认可的网站披露指定的信息。非公开定向发行方式发行项目收益票据，应在《定向发行协议》中明确约定信息的披露方式。鼓励对项目收益票据采用投资者付费模式等多元化信用评级方式进行信用评级。

（3）产品优势。项目收益票据发行人没有成立年限要求，可以较好地满足PPP项目的建设周期需求，因此在PPP项目初创阶段，项目收益票据可以作为主要的融资工具之一。[②] 项目收益票据规模不受净资产40%的限制。

### 7. 资产支持票据

（1）资产支持票据的概念。资产支持票据（ABN）是指，非金融企业在银行间债券市场发行的，由基础资产所产生的现金流作为还款支持的，约定在一定时间内还本付息的债务融资工具。基础资产是指符合法律法规规定，权属明确，能够产生可预测现金流的财产、财产权利或财产和财产权利的组合。基础资产不得附带抵押、质押等担保负担或其他权利限制。大多数PPP项目都具有稳定的现金流，因此在项目的成熟期，企业可以选择ABN进行融资，优化资产结构。

（2）发行方式。资产支持票据应在交易商协会注册，可选择公开发行或非公开定向发行方式在银行间市场发行资产支持票据。公开发行方式发行资产支持票据，应通过交易商协会认可的网站披露指定的信息。非公开定向发行方式发行资产支持票据，应在《定向发行协议》中明确约定信息的披露方式。企业选择公开发行方式发行资产支持票据，应当聘请两家具有评级资质的资信评级机构进行信用评级。鼓励对资产支持票据采用投资者付费模式等多元化信用评级方式进行信用评级。

（3）产品优势。ABN适用于具有稳定现金流的企业，而具有长期、稳定的现金流也正是PPP项目的特点之一。对于已经建设完成并投入运营的PPP项目而言，ABN可使得企业将部分现金流折现，增加企业流动性，以满足企业在项目中期的资金需求。同时，ABN的还本付息是由基础资产产生的现金流作为支持的，而基础现金流状况与

---

① 邹洪华. 关于永续债券融资与会计问题的分析 [J]. 交通财会, 2014 (6): 005.
② 李立芬. 银行间债市拟推项目收益票据 [J]. 中国科技投资, 2014 (23): 72–73.

发行人整体信用分离，使得 ABN 不影响企业主体的其他融资渠道。发行人可以根据自身情况，通过 ABN 与其他债券工具的结合发行来满足当下的资金需求。①

**8. 发行债券的交易结构**

基于 PPP 项目特点，项目收益票据和资产支持票据最适合此类项目的融资，因此，着重介绍这两类产品的交易结构。

（1）项目收益票据交易结构。

①PPP 项目公司（以下简称发行人）在××银行（主承销商）开设募集资金专户和项目收入归集户，用于本期项目收益票据募集资金的接受、划转、支出和票据本金、利息的偿付。

②本期票据的募集资金将划入募集资金专户，由发行人将募集资金划转至项目收入归集户，该账户由监管银行××银行监管，划出的资金必须用于 PPP 项目约定的用途。

③本期票据还本付息的首要资金来源是 PPP 项目的收入。只有当项目收入归集户中的余额满足本息偿还要求时，发行人才可自由支配项目收入归集户中的其他资金。项目收入归集户所归集的资金在付息日或兑付日的第 N 个工作日前划付至偿债资金专户。如划付资金不足以兑付本期项目收益票据的应付本息，发行人须通过其他自有资金予以差额补足，再将足额的本息兑付资金划付至清算所。其交易结构如图 3-16 所示。②

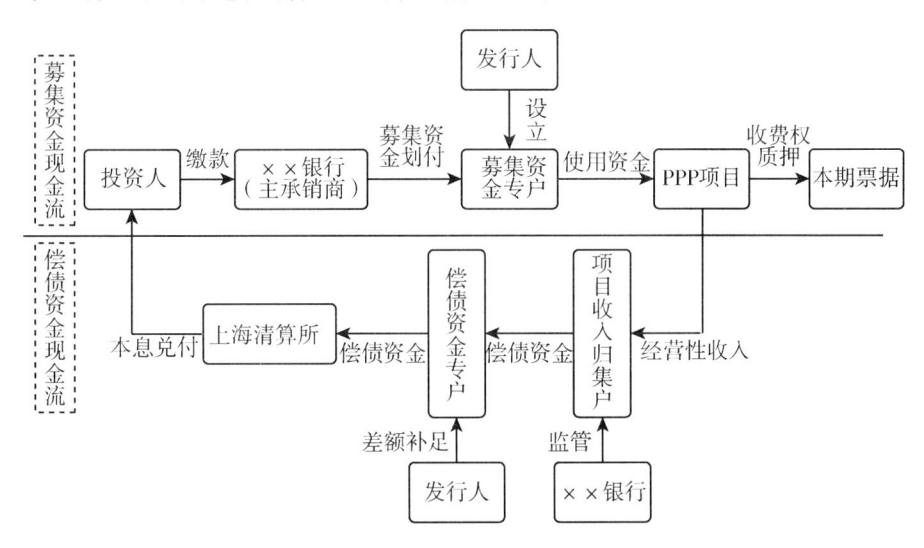

**图 3-16 项目收益票据交易结构**

（2）资产支持票据交易结构。

①选取可产生稳定现金流的 PPP 项目基础资产，由募集资金为基础资产提供运营资金。

②本期票据还本付息来源于基础资产产生的现金流，现金流由监管银行进行归集监管，实现资金质押。现金流不足以偿还本息时发行人履行差额支付承诺。其交易结

---

① 袁敏. 资产支持商业票据的理论与实务初探 [J]. 证券市场导报, 2006（10）: 66-72.
② 易宇. 市政项目融资渠道的新路径探索 [J]. 中国财经信息资料, 2014（30）: 25-27.

构如图 3-17 所示。①

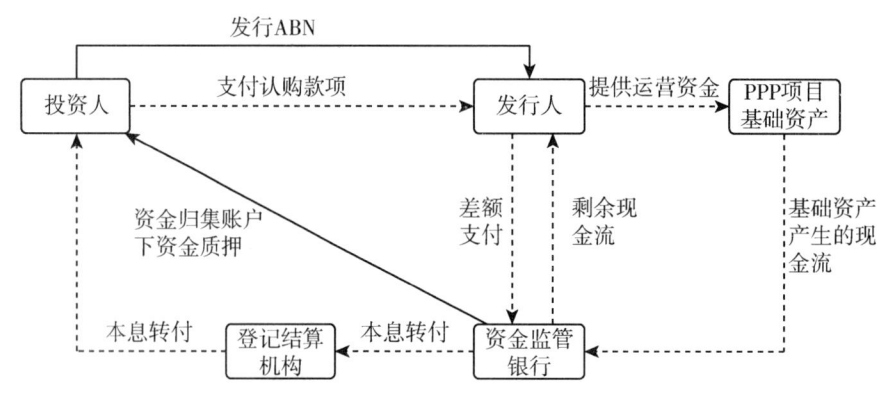

**图 3-17 资产支持票据交易结构**

### 9. 债券融资的优势与特色

（1）债券为标准化产品，从发行到监管都有标准化流程，相对成熟。

（2）债券是直接融资工具，融资成本较低，拥有活跃的公开市场，投资者参与广泛，为票据流通提供了条件。

（3）债券融资对发行主体条件的要求相对宽松，适合 PPP 项目。因部分 PPP 项目成立时间较短，建设周期较长，不便于采用银行贷款等融资方式。在 PPP 项目建设期初，还没有形成基础资产，较难从其他地方获得项目资金；在项目运营阶段，还款来源也要依赖于未来产生的现金流。而 PRN、ABN 等品种的设计正好适合用于此类项目的融资。

## （三）案例简介

### 案例一：某环线高速公路项目收益票据案例

此案例为 BOT（Build-Operate-Transfer）类型的 PPP 项目，该案例具体情况如下：

X 市政府计划修建一条环线高速公路，与 Y 公司（民营企业）共同设立 ZSPV 公司，由 ZSPV 公司负责该高速公路的建设、运营和维护，并授予其 22 年特许经营权。项目于 2012 年开工，计划 2015 年通车试运营，试运营期为 2 年（2016～2017 年），运营期为 15 年（2018～2032 年）。约定的经营期限届满后，该公路由国家无偿收回，由有关交通主管部门管理。

该项目投资资金约 35 亿元，其中项目资本金 9 亿元，约占总投资的 25%，由 Y 公司出资，其余 26 亿元，拟由发行项目收益票据的方式解决。该项目预测盈利情况如表 3-2 所示。

---
① 高正平. 资产证券化与我国的实现途径选择 [J]. 金融与保险，2001，7.

## 第三章 PPP项目的融资方式

表3-2 高速公路运营盈利预测表

单位：人民币万元

| 所属期间 | 序号 | 年度 | 主营业务收入 1 | 其他业务收入 2 | 主营业务成本 3 | 主营业务税金及附加 4 | 主营业务利润 5=1+2-3-4 | 管理费 6 | 财务费用 7 | 利润总额 8=5-6-7 | 所得税费用 9 | 净利润 10=8-9 |
|---|---|---|---|---|---|---|---|---|---|---|---|---|
| 运营期 | 1 | 2018 | 11 220.00 | 133.00 | 5 044.73 | 391.31 | 5 916.96 | 40.89 | 16 789.50 | -10 913.43 |  | -10 913.43 |
|  | 2 | 2019 | 13 149.00 | 156.00 | 57 116.40 | 458.59 | 7 130.01 | 40.89 | 16 789.50 | -9 700.38 |  | -9 700.38 |
|  | 3 | 2020 | 15 415.00 | 231.00 | 6 503.08 | 540.36 | 8 602.56 | 40.89 | 16 789.50 | -8 227.83 |  | -8 227.83 |
|  | 4 | 2021 | 16 807.00 | 251.00 | 6 992.37 | 589.11 | 9 476.52 | 40.89 | 16 789.50 | -7 353.87 |  | -7 353.87 |
|  | 5 | 2022 | 18 330.00 | 274.00 | 7 525.08 | 642.50 | 10 436.42 | 40.89 | 16 789.50 | -6 393.97 |  | -6 393.97 |
|  | 6 | 2023 | 19 993.00 | 299.00 | 8 105.39 | 700.80 | 11 485.81 | 40.89 | 16 789.50 | -5 344.58 |  | -5 344.58 |
|  | 7 | 2024 | 21 803.00 | 326.00 | 8 736.71 | 764.05 | 12 628.05 | 40.89 | 16 789.50 | -4 202.34 |  | -4 202.34 |
|  | 8 | 2025 | 23 775.00 | 454.00 | 15 902.76 | 838.98 | 7 487.26 | 40.89 | 16 789.50 | -9 343.13 |  | -9 343.13 |
|  | 9 | 2026 | 25 931.00 | 495.00 | 10 373.80 | 915.06 | 15 137.14 | 40.89 | 16 783.20 | -1 686.95 |  | -1 686.95 |
|  | 10 | 2027 | 28 279.00 | 540.00 | 10 989.79 | 997.92 | 16 831.29 | 40.89 | 16 286.98 | 503.42 |  | 503.42 |
|  | 11 | 2028 | 30 842.00 | 589.00 | 11 878.51 | 1 088.37 | 18 464.12 | 40.89 | 15 501.14 | 2 922.09 |  | 2 922.09 |
|  | 12 | 2029 | 33 636.00 | 642.00 | 12 846.75 | 1 186.95 | 20 244.30 | 40.89 | 14 609.66 | 5 593.75 |  | 5 593.75 |
|  | 13 | 2030 | 36 686.00 | 889.00 | 13 902.09 | 1 309.33 | 22 363.58 | 40.89 | 13 760.86 | 8 561.83 |  | 8 561.83 |
|  | 14 | 2031 | 39 619.00 | 960.00 | 14 915.36 | 1 409.69 | 24 253.95 | 40.89 | 12 769.81 | 11 443.25 | 2 642.47 | 8 800.78 |
|  | 15 | 2032 | 42 787.00 | 1 037.00 | 16 008.23 | 1 522.42 | 26 293.35 | 40.89 | 11 170.85 | 15 081.61 | 3 770.38 | 11 311.23 |

**债券条款设计**：依据融资计划，本期项目收益票据期限为 15 年，每年付息一次，分次还本。本期项目收益票据从第 11 个计息年度开始按约定比例偿还本金。

**资金归集和还款安排**：由 ZSPV 公司开立募集资金账户和项目收入归集户，账户由监管银行××银行监管，资金划出必须用于高速公路项目建设。本期票据还本付息的首要资金来源于使用者付费（即通行费收入和广告、服务区收入），在使用者付费不足以偿还 ZSPV 公司的投资和合理利润时，由 X 市政府给予项目可行性缺口补贴。使用者付费和政府可行性缺口补贴全部划入项目收入归集户，只有当项目收入归集户中的余额满足本息偿还要求时，ZSPV 公司才可自由支配项目收入归集户中的其他资金。项目收入归集户所归集的资金在付息日或兑付日的第 5 个工作日前划付至偿债资金专户。若不足，发行人将全额补足差价部分。运营期结束之后，高速公路将被无偿转移给 X 市政府。

### 案例二：某天然气公司资产支持票据案例

资产支持票据适用于各类 PPP 项目在运营期间的融资，只要项目已经能够产生稳定的现金流，基础资产资质良好，符合资产支持票据发行的条件，就可以运用发行资产支持票据的方式进行融资。该项目具体情况如下：

由 X 市政府和 Y 公司（民营企业）共同设立的 ZSPV 公司，拥有 X 市下辖六区一市的天然气特许经营权，负责天然气工程投资、建设和运营维护，在当地具有垄断地位。

ZSPV 公司近年来进行了管道改造、技术更新，目前需要融资以补充营运资金。ZSPV 公司年供气规模已达到 3.67 亿立方米，户内立管 453 854 户。2012~2014 年，ZSPV 公司天然气销售收入复合增长率为 59.48%，具体如表 3-3 所示。

表 3-3　　　　　　　　Z 公司天然气销售收入　　　　　　单位：人民币万元

| 项　目 | 2012 年 | 2013 年 | 2014 年 |
|---|---|---|---|
| 工业用户天然气 | 20 615 | 35 685 | 60 380 |
| 居民用户天然气 | 5 526 | 8 010 | 9 118 |
| 公建用户天然气 | 6 039 | 9 538 | 12 353 |
| 合　计 | 32 180 | 53 232 | 81 851 |

ZSPV 公司未来 5 年内的天然气销售收入现金流情况评估如表 3-4 所示。

表 3-4　　　　　Z 公司天然气销售收入现金流量预测表　　　　单位：人民币万元

| 项　目 | 2015 年 | 2016 年 | 2017 年 | 2018 年 | 2019 年 | 合计 |
|---|---|---|---|---|---|---|
| 工业用户天然气 | 69 437 | 77 769 | 85 546 | 92 389 | 99 781 | 424 922 |
| 居民用户天然气 | 10 486 | 11 744 | 12 919 | 13 952 | 15 068 | 64 169 |

续表

| 项　　目 | 2015 年 | 2016 年 | 2017 年 | 2018 年 | 2019 年 | 合计 |
|---|---|---|---|---|---|---|
| 公建用户天然气 | 14 206 | 15 911 | 17 502 | 18 902 | 20 414 | 86 935 |
| 合　　计 | 94 129 | 105 424 | 115 967 | 125 243 | 135 263 | 576 026 |

ZSPV 公司未来 5 年内天然气销售收入现金流每年为 9.4 亿～13.5 亿元，保持平稳增长，因此将本期 10 亿元资产支持票据设计为不同期限，将本金分散至不同期限偿还，使现金流能够较好地覆盖本金和利息。ZSPV 公司天然气销售收入未被抵质押，也没有其他权利限制，符合基础资产的要求，债项评级达到 AA，符合发行条件。

债券条款设计：1 年期、2 年期、3 年期 3 个品种，发行规模分别为 2 亿元、2 亿元、6 亿元。

资金归集和还款安排：由 Y 公司、ZSPV 公司和监管银行签订账户监管协议，并开立资金归集账户，将缴费账户中收集的燃气费划入此资金归集专户中。除兑付本期资产支持票据本息外，发行人不得从资金归集专户划出资金。同时为保障投资人利益，资金归集账户中的资金将质押给全体投资人，优先兑付本期票据。若不足，发行人将全额补足差价部分。

资产支持票据基于 PPP 项目 SPV 公司已经能产生稳定的现金流，基础资产质量良好，符合 ABN 发行条件，较好地发挥了债券融资的优势。

## 六、专项资产管理计划融资方式

### （一）资产支持专项计划的发展历程

2004 年 10 月 21 日，证监会发布《关于证券公司开展资产证券化业务试点有关问题的通知》，标志着由证监会监管的资产证券化业务开始试点，当时该业务被习惯性地称为企业资产证券化业务（以区别在同一时期开始试点的由银监会及人民银行监管的信贷资产证券化业务）。企业资产证券化业务，最初是以券商专项资产管理计划作为特殊目的载体，由证监会负责审批，在上海或者深圳交易所上市交易。

2005 年 8 月，中金公司作为计划管理人和主承销商发行了第一单企业资产证券化产品——中国联通 CDMA 网络租赁费收益计划，标志着企业资产证券化业务正式开闸。随后涉及不同资产类型的资产证券化产品相继发行，包括网络租赁收益权、应收账款、高速公路收费权、融资租赁收费权、水电收益权、BT 债权、污水处理收费权、上网电费收费权等。

之后美国爆发次贷危机，并引发了一场全球性金融危机，为了防范风险，我国监管部门叫停了资产证券化业务。

2009年，证监会颁布了《证券公司企业资产证券化业务试点指引（试行）》，从专项计划、计划管理人、原始权益人、投资人、专项计划设立申请、信息披露等角度对企业资产证券化业务进行了规范。

2014年2月15日，国务院下发《国务院关于取消和下放一批行政审批项目的决定》，取消了证监会的专项投资行政审批权，专项资产管理计划因此无法继续获得批准，企业资产证券化业务也随之暂停。

2014年11月19日，证监会发布了《证券公司及基金管理公司子公司资产证券化业务管理规定》及配套工作指引（以下简称49号文），将特殊目的载体由之前的专项资产管理计划变更为资产支持专项计划；取消事前行政审批，改为事前由交易所核查，事后在中国证券投资基金业协会（以下简称基金业协会）备案；实行基础资产负面清单管理，负面清单由基金业协会制定并负责定期更新；授予了基金子公司计划管理人资格；另外，增加了机构间私募产品报价与服务系统作为合格的挂牌、转让场所。

### （二）资产支持专项计划的交易结构

我国资产支持专项计划的交易结构如图3-18所示。

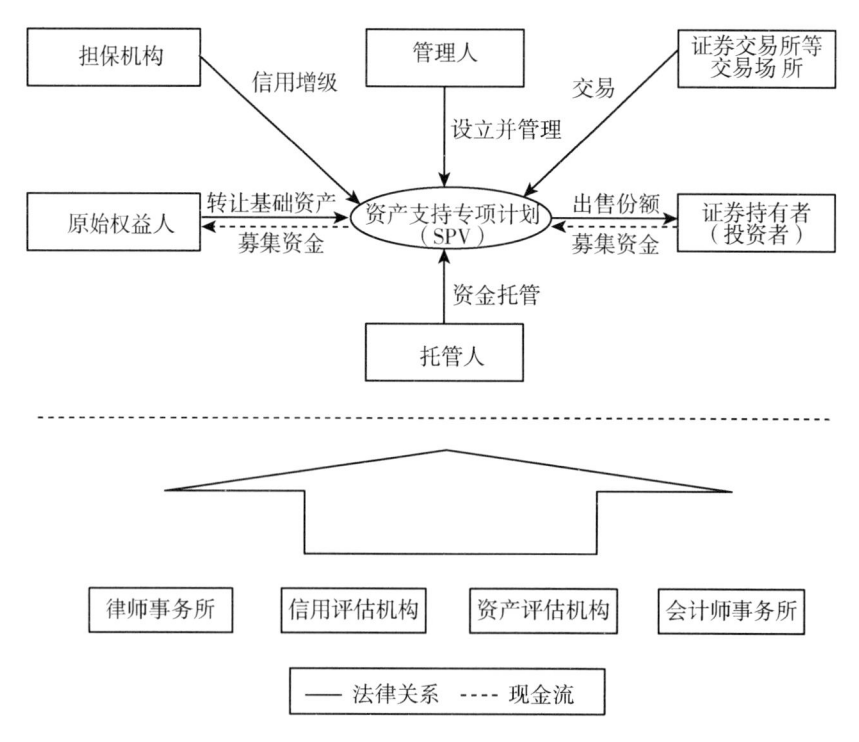

图3-18 资产支持专项计划的交易结构

各方的主要职责如表3-5所示。

表 3-5　　　　　　　　　　　各方主要职责

| 序号 | 参与者 | 主要职责 |
| --- | --- | --- |
| 1 | SPV | 实现基础资产真实出售和破产隔离，为资产支持证券的载体 |
| 2 | 原始权益人 | 即资产证券化业务的发起人，是指基础资产在证券化之前的权利人 |
| 3 | 计划管理人 | 接受委托设立 SPV，发行受益凭证，作为受托人代表 SPV 行使权利和义务，目前只能由证券公司或者基金子公司来担任 |
| 4 | 托管人 | 托管人是指为资产支持证券持有人之利益，按照规定或约定对专项计划相关资产进行保管，并监督专项计划运作的商业银行或其他机构 |
| 5 | 承销商 | 承销商负责结构设计、资产选择、现金流分析、定价、起草发行文件、证券承销及计划上报备案 |
| 6 | 证券持有者（投资者） | 认购计划份额，缴纳认购资金 |
| 7 | 证券交易所 | 资产支持证券的挂牌、转让场所和信息披露场所，并负责在专项计划成立之前对其进行核查 |
| 8 | 担保机构 | 提供信用增级 |
| 9 | 信用评级机构 | 对项目进行初始评级和跟踪评级 |
| 10 | 资产评估机构 | 对基础资产的公允价值进行评估，并出具基础资产评估报告 |
| 11 | 律师事务所 | 起草发行文件和法律协议、协助设定交易机构等 |
| 12 | 会计师事务所 | 出具基础资产审计报告、会计处理意见、专项计划设立的验资报告，年度资产管理报告和清算报告的审计意见 |

## （三）资产支持专项计划的优势及特色

相较其他金融工具而言，资产支持专项计划基础资产涵盖范围广泛，几乎所有预期能够产生长期、稳定的现金流并且产权明晰的资产都可以进行资产证券化。并可以实现债权出表，从而优化发行人的资产负债结构，提升资产的流动性。由于是备案制发行，故融资效率较高，时间相对可控。资产支持专项计划与债券融资和贷款融资模式的比较优势及特点详见表 3-6。

表 3-6　　　　　　　　三种融资模式比较优势及特点

| | 资产支持专项计划 | 中票、企业债 | 银行贷款 |
|---|---|---|---|
| 业务门槛 | 门槛较低，主要考察基础资产资质 | 门槛较高，主要考察发行人主体信用 | 门槛较低 |
| 融资成本 | 成本中等，视基础资产质量、融资企业资信等因素变化 | 成本较低 | 成本较高 |
| 资金用途 | 不受限 | 受限 | 受限 |
| 行业限制 | 基本无行业限制 | 对于房地产企业、地方融资平台等敏感行业有所限制 | 对于房地产企业、地方融资平台等敏感行业有所限制 |
| 发行周期 | 3 个月左右 | 一般在 4~8 个月 | 2~3 个月 |
| 融资规模 | 根据未来现金流测算，无净资产 40% 限制 | 不高于净资产 40% | 根据企业还款来源、财务指标等测算 |
| 融资期限 | 期限一般可以为 1~10 年 | 期限一般在 2~10 年，以 5~7 年为主 | 期限灵活 |
| 资产负债率 | 若为出表型，不会增加 | 增加 | 增加 |

资产支持专项计划对于项目发起人和投资者的益处主要体现在以下方面：

## 1. 对发起人而言

（1）增强资产流动性。对于一般机构来讲，资产支持专项计划提供了一种将相对缺乏流动性的资产转变成流动性高、可在资本市场上交易的金融商品的手段。通过资产证券化，原始权益人能够补充资金，用来进行其他投资。这一方面，为企业在不增加负债的前提下，为企业资金来源扩充了渠道；另一方面，可以使企业在流动性短缺时获得一种新的流动性补偿，提高了企业流动性水平。

（2）获得低成本融资。资产支持专项计划还为原始权益人提供了更加有效的、低成本的筹资渠道。这一方面得益于资产支持专项计划特有的信用增级和风险隔离措施，使得投资人所面临的风险在一定程度上得以弱化，但更为重要的则是大部分资产证券化都采用了担保这一增信措施，使得资产证券化具备了部分信用债的特征，因此，发行人的融资成本也体现了投资人对于担保机构资信等级的定价。

（3）减少风险资产。资产支持专项计划有利于原始权益人将风险资产从资产负债表中剔除出去，有助于原始权益人改善其财务结构，提高资本的运用效率，满足风险资本指标的要求。

（4）便于进行资产负债管理。资产支持专项计划还为原始权益人提供了更为灵活的财务管理模式。它使原始权益人可以更好地取得精确、有效的资产与负债的匹配。从而实现了风险合理配置，进而改善企业的资产负债管理。

### 2. 对投资者而言

资产支持专项计划品种一般是以超过一个基准利率的利差来交易的。资产证券品种的出现满足了投资者对"基于利差的投资工具"的需求，从而达到投资多样化及分散、降低风险的目的。同时，资产证券化的结构化设计为不同风险偏好的投资者提供了多样化的投资品种。

资产支持专项计划可以帮助投资者扩大投资规模。一般而言，证券化产品的风险权重比基础资产的风险权重低得多。金融机构持有的这类投资工具可以大大节省为满足资本充足率要求所需要的资本金，从而可以扩大投资规模，提高资本收益率。

## （四）案例简介

### 1. 应收款资产支持专项计划项目背景

目前，信用赊销已成为企业扩大销售来源、争取客户的重要手段之一，且信用期限也在不断延长。因此，企业在营业收入增加的同时，也积压了大量的应收账款，占用了大量的营运资金。应收账款的证券化有利于企业进一步开拓市场、扩大市场份额，并可以利用融资期限长这一特点，适当放长下游客户账期，有利于增强市场竞争力。更重要的是，应收账款资产证券化产品将利于企业改善短期财务指标、丰富企业融资渠道。

### 2. 案例项目介绍

（1）项目要素。
项目名称：X水务公司一期资产支持专项计划。
原始权益人/资产服务机构（即融资主体）：X水务公司。
计划管理人/主承销商：A证券公司。
差额支付承诺人：Y集团公司（X公司的集团母公司）。
基础资产：X水务公司贸易合同项下应收账款，以2015年4月30日为基础资产封包日，共计约为12.21亿元人民币。
（2）证券要素。
原始权益人：X水务公司。
拟证券化资产：合同项下的应收账款。
发行规模：首期规模12.21亿元，最终规模可视发起人需求等情况而定。
产品评级：优先级A1级为AAA，优先A2级为AA，次级不予评级。
产品期限：最长期限3年。
增信措施：优先/次级结构，差额支付，母公司担保。
（3）交易结构如图3-19所示。

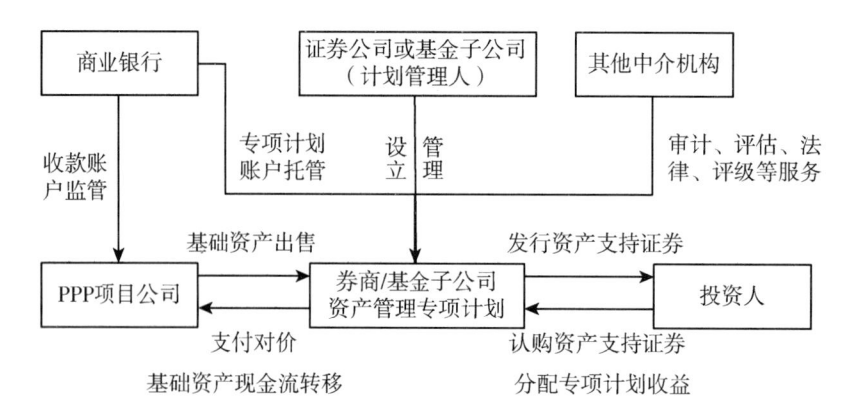

图 3-19 应收类资产支持专项计划交易结构

(4) 项目要点解析。

①基础资产。入池客户与 X 水务公司合同时间超一年以上的占入池客户总数的 92% 以上,与 X 公司合作历史违约率为 0;入池应收账款所对应的客户总数达 320 个,入池客户在计划存续期内固定不变,确保资产质量;入池客户遍布全国 27 个省、直辖市;单个客户应收款占比不超过 15%。

②循环购买。计划存续期内,根据入池的应收款账回款计划,在部分应收账款到期并变现为现金后,使用该些资金循环购买经会计师审计合格、符合标准的新准入资产。

③增信措施。X 水务公司提供差额支付承诺;Y 集团公司为部分入池的部分应收账款的差额支付承诺进行担保。

④项目优势。与传统的应收账款质押贷款相比,应收账款资产证券化可以通过循环购买结构延长融资期限,扩大融资规模;满足一定条件的资产证券化(如原始权益人不承担差额支付承诺,且持有次级的比率低于 5%;或次级超过 5%,但实现了真实出售)可以帮助企业实现应收账款的出表,改善企业财务指标。

## 七、项目收益债融资方式

### (一) 定义

根据《国家发展改革办公厅关于印发〈项目收益债券管理暂行办法〉的通知》(以下简称《暂行办法》)的定义,项目收益债是指由项目实施主体或其实际控制人发行的,与特定项目相联系的,债券募集资金用于特定项目的投资与建设,债券的本息偿还资金完全或主要来源于项目建成后运营收益的企业债券。

近年来,国务院及各部委纷纷出文,鼓励项目收益债的发展,国务院 43 号文在提及推广 PPP 模式时,认为投资者或特别目的公司可以通过项目收益债券举债并承担偿债责任；六部委《基础设施和公用事业特许经营管理办法》中提出，国家鼓励特许经营项目发行项目收益债券，拓宽投融资渠道；国家发改委就在《国家发展改革委办公厅关于创新企业债券融资方式扎实推进棚户区改造建设有关问题的通知》中提出："推进企业债券品种创新，研究提出棚户区改造项目收益债券，对于具有稳定偿债资金来源的棚户区改造项目，将按照融资—投资建设—回收资金封闭运行的模式，开展棚户区改造项目收益债券试点"。

根据现行规定，项目收益债的基本交易结构如图 3-20 所示。

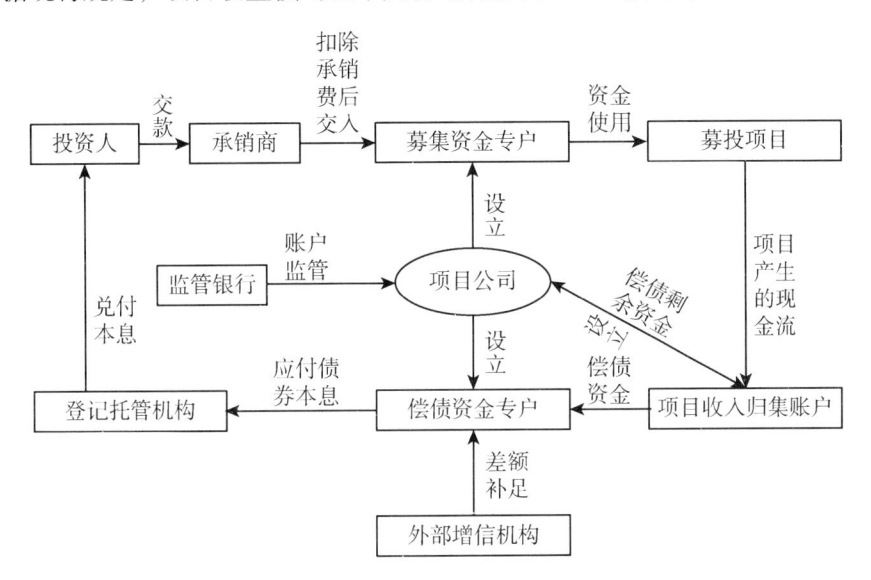

图 3-20 项目收益债交易结构

## （二）特点及优势

第一，发行主体资质宽松，新建项目公司或 SPV 发债成为可能。《暂行办法》第 14 条规定发行主体应为境内法人或仅承担发债项目投资、建设、运营的特殊目的载体（SPV），而无其他诸如存续期、盈利或净资产的要求。此种设置使得项目收益债可以与 PPP 项目很好地契合。

第二，偿债资金来源于项目收益，可包含政府财政补贴。与传统的企业、公司债券相比，项目收益债最大的特点是以项目的未来收益为支撑进行发债融资，其融资规模主要取决于对募投项目经营现金流的测算而非取决于项目主体的资质、资信水平，这意味着项目收益债的发行规模、融资成本等不取决于项目公司而取决于项目本身。PPP 模式下的项目公司，通常存在成立时间较短、资产规模较小、盈利尚未实现等问题，对此，项目收益债很大程度上突破了上述限制。此外，项目收益债对存续期仅要求"不得超过募投项目运营周期"，故项目收益债可以覆盖项目投资、建设和营运的全过程。可以看出，对期限较长的项目而言，在融资期限长短对资金调整的时间错配上以及改善企业的融资结构上，项目收益债相比其他融资工具具有明显优势。

第三，项目资金来源需全部落实，风险约束机制加强。《暂行办法》要求除债券资金之外的项目其他建设资金应全部落实，其中投资项目资本金比例需符合国务院关于项目资本金比例的有关要求并根据项目进度及时到位，贷款银行应出具贷款承诺函，其他资金来源应提供相关依据。此外，项目实施主体的实际控制人应对可能的超支情况提前作出融资安排。

第四，"三户"设置，隔离风险。《暂行办法》要求项目收益债进行分账管理，设置"募集资金使用专户""项目收入归集专户"与"偿债资金专户"，分别存放项目收益债券的募集资金、项目收入资金和项目收益债券还本付息资金。通过专户的设置达到专款专用、资金流封闭运作的效果，防止项目现金流入与项目实施人的其他收入支出混同，确保项目运营收入不被挪作他用。

第五，债券及主体信用评级并行。与资产证券化仅债券评级的规定不同，《暂行办法》规定项目收益债券除进行债券信用评级及债券的跟踪评级之外，"公开发行的项目收益债券，还应按有关要求对发行人进行主体评级和跟踪评级"。

第六，建立差额补偿机制，并辅之加速到期条款，降低债券投资风险。《暂行办法》对债券的优先/次级分档结构设计并无规定，而是采取由市场决定的态度，但对差额补偿机制的设置采取硬性规定，要求必须设置差额补偿机制，差额补偿人负责补足偿债资金专户余额与应付本期债券本息的差额部分，并规定"在设置完善的差额补偿机制的基础上，也可以同时增加外部担保，对项目收益债券还本付息提供无条件、不可撤销连带责任保证担保"。此外，可约定加速到期条款，当出现启动加速到期条款的情形时，可提前清偿部分或全部债券本金。对投资者，上述设置让债券本身具有更强的保障。

第七，设置债权代理人机制、明确重大事项应对，完善投资人保护机制。根据《暂行规定》，债权代理人由债券发行人聘请，债权代理人将代表债权人的利益行事。债权代理人将与发行人一起制定债券持有人会议的规则、召开债券持有人会议、与监管银行签署《项目收益债券账户监管协议》、并每年委托会计师事务所对债券募集资金使用情况和项目收入归集情况进行一次专项审计等。此外，项目收益债应对项目发行人或项目本身可能发生的重大事项进行列明，并制定应对措施。

第八，根据《暂行办法》，项目收益债是企业债券的一种，但与企业债券不同，具有其自身特点，二者对比详见表3-7。

表3-7　　　　　　　　　　项目收益债和企业债的区别

|  | 项目收益债 | 企业债 |
| --- | --- | --- |
| 发行主体 | 中国境内法人或仅承担发债项目投资、建设、运营的特殊目的载体（SPV） | 具有法人资格的企业 |
| 发行方式 | 公开或非公开发行 | 公开发行 |

续表

| | 项目收益债 | 企业债 |
|---|---|---|
| 发行条件 | 公开发行需符合一般企业债要求，非公开发行不受限制<br>此外，除债券资金以外的其他项目资金来源必须全部落实，其中投资项目资本金比例应符合主管部门关于项目资本金的比例的要求 | 1. 股份有限公司的净资产不低于人民币3 000万元，有限责任公司和其他类型企业的净资产不低于6 000万元；<br>2. 累计债券余额不超过企业净资产的40%；<br>3. 最近三年可分配利润足以支付企业债券一年的利息 |
| 还债资金来源 | 完全或主要来源于项目建成后的运营收益，项目收入可以包含财政补贴（不超过50%） | 企业经营利润 |
| 发行状况 | 须经国家发改委核准发行，可一次核准两年内发行完毕 | 一次核准后一年内发完 |
| 资金用途 | 只能用于募投项目建设、运营和设备购置，不得置换项目资本金或偿还与项目有关的其他债务，但偿还已使用的超过项目融资安排的约定规定的银行贷款除外 | 应按核准的用途用于本企业的生产经营，不得用于弥补亏损和非生产性支出，也不得用于房地产买卖、股票买卖及期货等高风险投资 |
| 流动性 | 公开发行的可在银行间市场交易流通，非公开发行仅限于合格投资者范围内转让，且不得转托管 | 可在银行间、交易所发行流通，可转托管 |
| 评级 | 公开发行的发行主体与债项双评级，非公开发行的债项评级不低于AA，不强制主体评级 | 发行主体与债项双评级 |
| 增信措施 | 差额补偿、外部担保、资产抵质押 | 外部担保、资产抵质押 |

资料来源：招商证券。

## （三）案例简介

2014年11月广州市第四资源热力电厂垃圾焚烧发电项目收益债券（以下简称14穗热电债）发行，该债券是发改委审核发行的首只公开募集项目收益债券。项目发行总额8亿元，期限10年。

该期债券交易结构如图3-21所示。

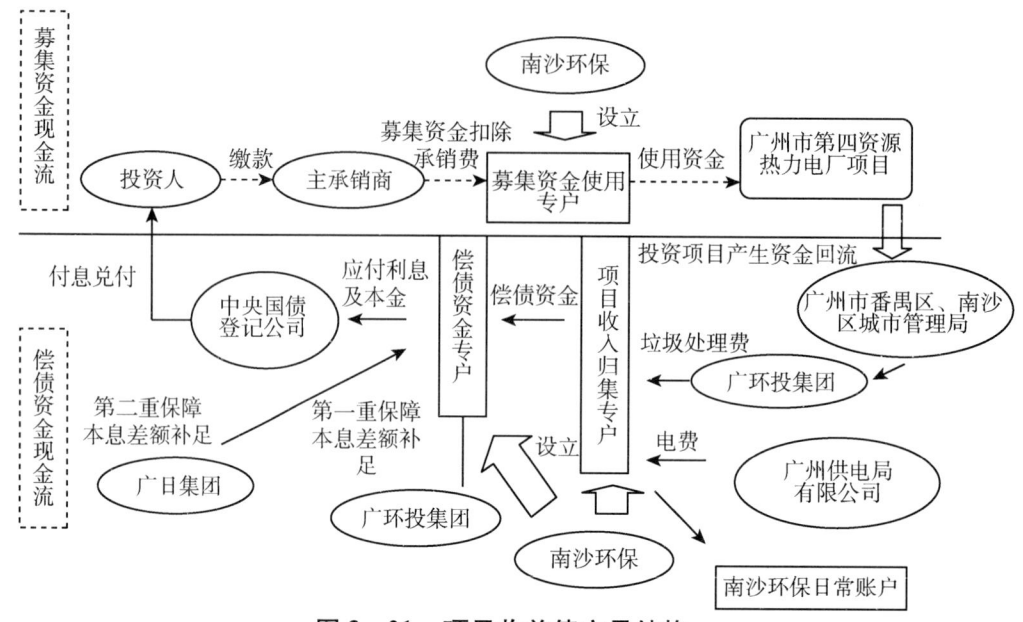

图 3-21　项目收益债交易结构

资料来源：14 穗热电项目募集说明书。

该债券由广州环投南沙环保能源有限公司（以下简称南沙环投）作为项目实施主体发起设立，通过主承销商采取簿记建档、集中配售方式公开发行，所募集的资金划入本债券"募集资金使用专户"，专门投资于广州市第四资源热力电厂项目。

该债券还本付息的首要资金来源为广州市第四资源热力电厂的运营收入，其中包括由广州市番禺区城市管理局和广州市南沙区城市管理局分别定期支付的垃圾处理费、由广州供电局有限公司支付的电厂发电收入等，运营收入全部划入南沙环投设立的"项目收入归集专户"。

"项目收入归集专户"收到的每笔项目收入，项目实施主体在 3 个工作日内将该笔收入中不低于当年偿债保证金留存比例的资金划转至"偿债资金专户"，该笔收入的剩余部分可由项目实施主体自由支配用于项目运营或其他方面。

广州环保投资集团有限公司和广州广日集团有限公司分别作为该项目的第一和第二顺位差额补偿人，第一差额补偿人将负责支付第一个付息年度的应付利息及以后各付息年度"偿债资金专户"资金低于当年应付本息的差额部分，当第一差额补偿人无法按时补足差额时，由第二差额补偿人补足。

## 八、融资租赁方式

### （一）融资租赁定义

融资租赁是指出租人根据承租人对租赁物件的特定要求和对供货人的选择，出资向供货人购买租赁物件,并租给承租人使用,承租人则分期向出租人支付租金,在租赁期内租赁物件的所有权属于出租人所有,承租人拥有租赁物件的使用权。租期届满,租金支付完毕并且承租人根据融资租赁合同的规定履行全部义务后,对租赁物的归属没有约定或者约定不明的,可以协议补充;不能达成补充协议的,按照合同有关条款或者交易习惯确定,仍然不能确定的,租赁物件所有权归出租人所有。[①]

对于需要大型设备的 PPP 项目公司,在符合国家政策和规定的要求下,可以通过融资租赁的方式,拓宽融资渠道。

## (二) 融资租赁的主要类别

### 1. 融资性直接租赁 (投资新设备)

如果 PPP 项目公司购买新设备,由承租人与供应商签订设备合同,并支付定金,在设备交接时,由租赁公司替 PPP 项目公司支付剩余设备款给供应商,PPP 项目公司在之后 3 年分期将设备款还给租赁公司,PPP 项目公司可以将原计划投入设备的资金用于购买原物料,解决因为新投资带来的流动资金紧张问题[②]。融资性直接租赁的简要交易结构如图 3-22 所示。

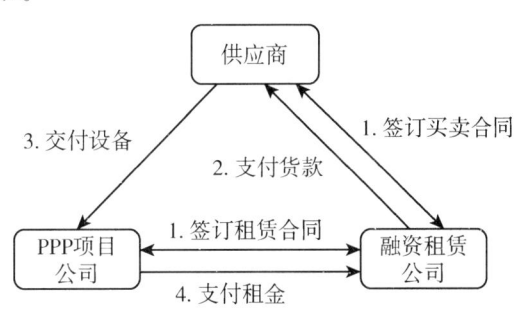

**图 3-22 融资性直接租赁交易结构**

(1) PPP 项目公司选择供货商和租赁物件;
(2) PPP 项目公司向融资租赁公司提出融资租赁业务申请;
(3) 融资租赁公司和 PPP 项目公司与供货厂商进行技术、商务谈判;
(4) 融资租赁公司和 PPP 项目公司签订《融资租赁合同》;
(5) 融资租赁公司与供货商签订《买卖合同》,购买租赁物;
(6) 融资租赁公司用资本市场上筹集的资金作为贷款支付给供货厂商;
(7) 供货商向 PPP 项目公司交付租赁物;
(8) PPP 项目公司按期向融资租赁公司支付租金;
(9) 租赁期满,PPP 项目公司正常履行合同的情况下,融资租赁公司将租赁物的

---

[①] 燕平. 融资租赁原理与实务 [M]. 对外经贸大学出版社, 2005.
[②] 史红玲. 目前我国融资租赁业的特点、作用及发展对策 [J]. 当代经济, 2005 (6): 72-73.

所有权转移给 PPP 项目公司。

**2. 融资性售后回租赁（流动资金融资）**

如果 SPV 公司有流动资金周转需要，可以将现有生产设备作为抵押，贷款期限同样为三年。这种方式可以盘活 SPV 公司沉淀在生产设备中的资金，有效解决资金紧张问题，提高资金利用效率。融资性售后回租的简要交易结构如图 3－23 所示。

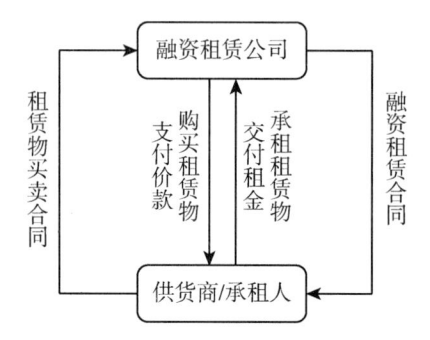

图 3－23 融资性售后回租交易结构

### （三）融资租赁的优势

**1. 融资租赁的门槛更低**

由于融资租赁对租赁享有物权（这是和银行信贷最基本的区别），因此对客户的要求就可以比银行更低、更灵活。对负债比例高，前三年经营效益差的 SPV 公司而言，银行信贷往往难以获得，而融资租赁就能有效化解 SPV 公司资金缺口。

**2. 可免除抵押担保**

由于融资租赁对租赁物享有物权，对第一还款来源可靠，特别在租赁物是通用、耐用、可移动的通用设备的情况下，融资租赁一般不要求承租人额外提供抵押担保。

**3. 自筹资金比例更低**

对直接采用融资租赁添置设备的客户，自筹资金比例通常在 10%～30%，而设备类固定资产贷款，债务人自筹比例根据行业的不同在 20%～30%。

**4. 已有设备的融资比例更高**

SPV 公司以自有设备做抵押向银行申请流动资金贷款，大多数银行一般不接受只有设备的贷款抵押，通常还要求有部分不动产一并抵押；特别情况下接受设备抵押的，抵押率通常只有 30%～50%。而通过设备的售后回租，企业设备"变现"融资比例高达 60%～80%，甚至 90% 以上。

**5. 表外融资**

租赁在承租人财务上表现为表外融资，因此运用融资租赁可扩大承租人的实际融资能力，使承租人可以更多利用社会资源加快自身发展，这是融资租赁与银行相比最为独特的方面。发挥租赁的这项功能，通过售后回租，可以将表内融资调到表外降低负债比例，特别适合拟上市或已上市、发债、新增贷款的PPP项目公司。

## （四）案例简介

**1. 案例背景**

新疆棉花种植面积、总产、单产和收购量连续19年居全国首位。随着国家制造业和工业化进程的加快，人工费用快速上涨，致使广大棉农生产成本不断攀高，效益不断递减。据估算，当前每亩棉花采收成本已由几年前的200～300元增加到800～1 000元，占棉花生产成本的35%以上。目前，市场上每台进口采棉机价格在330万～460万元，绝大多数农民无力购买，新疆地方棉花机采率不足20%。

**2. 案例介绍**

新疆首个农业PPP模式合作项目采棉农业机械化项目便采用融资租赁贴息购置大型采棉机。该项目是由新疆维吾尔自治区农业厅、沙湾县柳毛湾镇鑫业农机服务专业合作社和美国约翰迪尔融资租赁有限公司完成的。其中农业部安排新疆贷款贴息购置采棉机项目补助资金800万元，美国约翰迪尔公司安排优惠补贴1 200万元。与手工采收相比，采棉机采每亩可节约成本247元，200台采棉机一年可为农民节约3亿多元。根据目前采棉机的市场效益，每台采棉机年净利润在80万～100万元，有了20%的贴息，一般三年就可还清所有购机贷款。届时，农机合作社在购买采棉机时，只需预付采棉机总价的1/3，即可先行获得并使用采棉机，剩余部分款项及贷款利息，可在未来3～4年内逐次付清。

这个项目实现了"政府出资引导、企业资本提供公共服务、合作社和农户积极参与"的三方合作、多方多赢的模式，政府和企业两项资金占融资利息的20%，每台采棉机按350万元计算，可带动社会资金7亿元，对加快推进新疆维吾尔自治区农业机械化发展意义重大。

# 第四章　PPP 项目全生命周期融资安排

PPP 项目普遍具有金额大、期限长等特点，纵观项目全生命周期，从前期规划、施工建设到进入长达 20~30 年的经营期，项目的现金流状况和风险水平不断变化，吸引着资本市场的各类不同风险偏好的金融产品介入。本章节以项目全生命周期为基础，对项目在准备期、建设期、运营期和移交期等不同阶段的资金需求展开分析，根据各阶段特点，列出各类适合的金融产品，并说明其优势和不足，为各阶段的 PPP 模式融资及再融资提供参考。

## 一、PPP 项目的生命周期

在项目实施机构与中选社会资本签署项目合同后，社会资本可以发起设立 SPV 公司，由 SPV 公司具体负责项目的融资、建设、运营等活动。SPV 公司根据项目所处的准备期、建设期、运营期、项目移交等不同阶段的资金需求，可以向银行、信托、基金、券商等金融机构申请融资。根据《财政部〈关于印发政府和社会资本合作模式操作指南（试行）〉的通知》的要求，PPP 项目工作流程包括项目识别、项目准备、项目采购、项目执行、项目移交五个部分。其中，项目执行和项目移交两部分内容涵盖了 PPP 项目生命周期中所涉及的准备、建设、运营、移交主要环节，如图 4-1 所示。

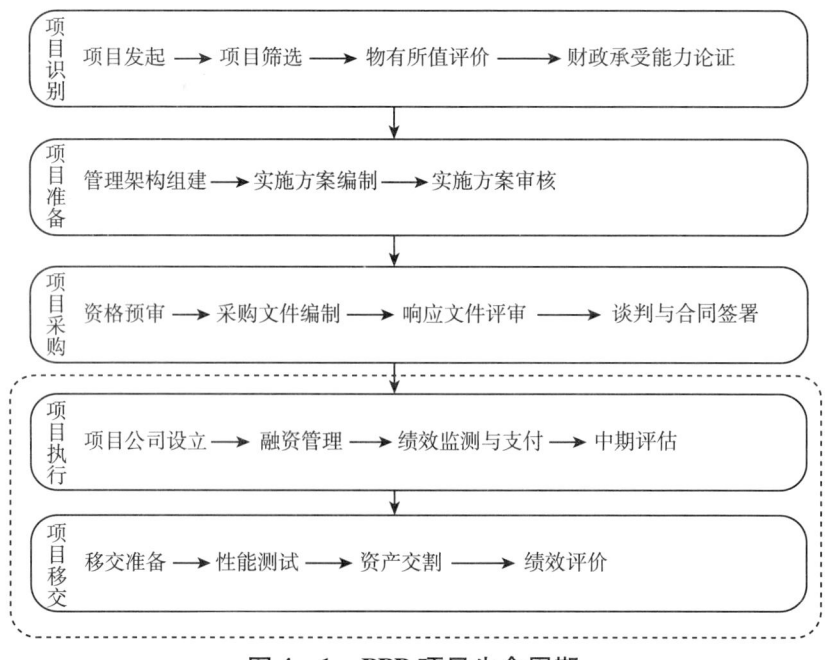

**图 4-1　PPP 项目生命周期**

## 二、PPP 项目分析

### （一）PPP 运营模式分析

从理论上讲，PPP 项目既可由政府部门发起，也可由社会资本发起。在国内，目前为了保证项目的建设、运营能够把公共服务属性放在首位，往往由政府部门发起，地方政府会和社会资本共同投资设立 SPV 公司。在政府部门与社会资本完成最初的招标和相关谈判后，PPP 项目的基本运作流程如下[①]：

第一，政府和社会资本按比例投入一定资本金筹建 SPV 公司。通常情况下，政府部门出资比例较小，以契合 PPP 项目的特点撬动社会资金。与此同时，SPV 公司的股本金占 PPP 项目所需全部投资额的比例相对较小，一般在 10%~30%。

第二，通过银行等金融机构获得债权融资。PPP 项目的另一特点是高负债运行，一般而言，债权资金占 SPV 公司总资产的 70% 及以上。融资方式大多是通过银行贷款（含银团贷款）和发行债券。在最新的 PPP 实践中，信托、保险资金、养老资金等也有介入，极大地丰富了资金来源渠道。

第三，政府部门与 SPV 公司签订合约，由政府部门购买 SPV 公司提供的公共服务或对基础设施进行建设、运营、维护和管理。

第四，承建商与 SPV 公司签订建造合同；供应商与 SPV 公司签订设备采购或供货合同。在这个环节，承建商可以通过垫资等方式、供应商可以通过经营租赁等方式给 PPP 项目提供中短期融资甚至长期融资。

第五，SPV 公司向承建商、供应商支付相关费用。有时，SPV 的发起方会同时作为项目承建商或供应商，因此对社会资本而言，可以从以下两方面获得收入：一是初始股权投资回报，即资金回报；二是建造合同收入或供货合同收入，即服务回报。

第六，运营商与 SPV 公司签订运营维护合同。

第七，SPV 公司向运营商支付相关费用。同样，运营商一方面可以获得资金回报，另一方面可以通过后期运营维护取得服务回报。

第八，SPV 公司向债权资本和股权资本分配收益。在有的 PPP 项目中，后期由于运营等方面的问题可能会出现债务重组而改变原有资本结构的情况（即再融资），在这种情况下，项目收益的分配应做相应调整。

第九，在项目运营结束后，政府对项目进行性能测试、资产评估等，由 SPV 公司将项目移交给政府，移交方式分为有偿和无偿两类，具体的移交方式和移交程序按照之前和政府签订的协议来执行。

---

① 孙本刚. 准经营性基础设施项目 PPP 模式研究 [D]. 同济大学，2006.

## （二）PPP 项目收入分析

### 1. 付费机制[①]

付费机制是政府和社会资本合作的重要基础，关系到 PPP 项目的风险分配和收益回报，因而是政府和社会资本（或 SPV 公司）共同关注的核心。根据 PPP 项目所属行业、运作方式及其他具体情况的不同，需要设计和选择不同的付费机制。常见的付费机制主要包括政府付费、使用者付费和可行性缺口补助三种。

（1）政府付费模式。政府付费是指由政府直接付费购买公共产品或服务。其与使用者付费的最大区别在于付费主体是政府，而非项目的最终使用者。根据项目类型和风险分配方案的不同，政府付费机制下，政府通常会依据项目的可用性、使用量和绩效中的一个或多个要素的组合向 SPV 公司付费。

对于以政府付费作为收入来源的项目，首先要分析地方政府的偿债能力，PPP 项目是否通过物有所值评价和财政承受能力论证，政府财政支出责任是否已纳入预算管理、财政中期规划，在政府财务报告中进行反映和管理，并向本级人大或其常委会报告。在采取可使用性付费时，需关注项目产出说明，分析是否能满足产出绩效指标；在采取使用量付费时，需关注合同中约定的最低使用量和最高使用量的标准，分析实际承担需求风险的程度；在使用绩效付费时，需关注绩效标准是否可观和合理，分析标准是否能够测量和监控，是否超过 SPV 公司的能力范围等。而且，还需关注政府付费的调价机制是否合理。

（2）使用者付费模式。使用者付费机制是指由最终消费用户直接付费购买公共产品和服务。SPV 公司直接从最终用户处收取费用，以回收项目的建设和运营成本并获得合理收益，在此类付费项目中，SPV 公司一般会承担全部或者大部分的项目需求风险。并非所有 PPP 项目都适合采用使用者付费机制，使用者付费机制常见于高速公路、桥梁等公共交通项目以及供水、供热等部分公用设施项目中。

在 PPP 付费机制采取使用者付费时，最终消费用户直接付费给公共产品和服务的提供者。因此，首先，要预测项目的需求量，能否通过使用者付费收回投资成本和合理收益；而且要分析定价机制，明确能否全部由 SPV 公司根据市场价格定价，如果政府参与定价，需明确具体参与的方式；此外，还要在合同中确定，是否约定超额利润限制条款，政府参与超额利润部分的分成等（其中最重要的是应注意项目的唯一性条款，即政府承诺在一定期限内不在项目附近新建竞争性项目，这对于保障该类项目的盈利能力具有根本性的决定意义）。

（3）可行性缺口补助模式。对于使用者付费无法使社会资本获取合理收益，甚至无法完全覆盖项目的建设和运营成本的项目，可以由政府提供一定的补助，以弥补使用者付费之外的缺口部分，使项目具备商业上的可行性。这种补助一般包括投资补助、

---

[①] PPP 项目有哪些付费机制 [N]. 中国财经报，2015 - 11 - 05.

价格补贴等。

此外，政府还可通过无偿划拨土地，提供优惠贷款、贷款贴息、投资入股，放弃 SPV 公司中政府股东的分红权，以及授予项目周边的土地、商业等开发收益权等方式，有效降低项目的建设、运营成本，提高 SPV 公司的整体收益水平，确保项目的商业可行性。

三种模式的异同可通过图 4-2 来表示。

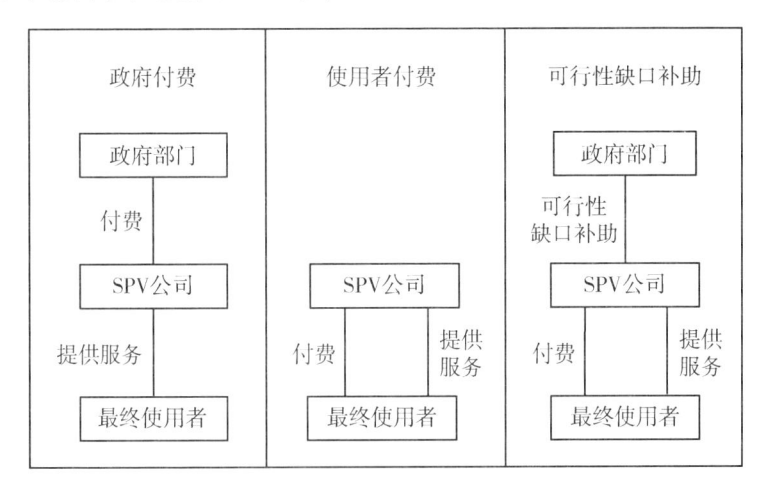

图 4-2 三种付费机制模式对比

### 2. 设置付费机制的基本原则和主要因素

在设计 PPP 项目的付费方式时，要既能够激励 SPV 公司妥善履行其合同义务，又能够确保 SPV 公司在未履行合同义务时，政府能够通过该付费机制获得有效救济。

主要考虑因素包括项目产出是否可计量、适当的激励、灵活性、可融资性、财政承受能力等。[1]

## （三）PPP 模式融资特点分析

（1）项目导向性。PPP 模式比较强调项目主体的概念，因此，虽然并不排斥企业融资方式，但更多体现出项目融资的理念和方法。而项目融资的过程不依赖于项目投资人或发起人的资信状况或其有形资产，而是根据项目的预期收益、现金流量和项目资产价值安排融资，项目因素直接影响项目融资的结构和进程。

（2）有限追索性。正如前述 PPP 项目多强调项目融资理念，一般 PPP 项目在融资过程中也常仅以项目资产和项目在运行中产生的现金流量作为项目融资的担保或债务偿还的来源（引进外资举债不计入国家外债），同时在项目产生风险时仅对项目资产和现金流量有追索权，而对项目发起人的其他财产没有追索权或仅有有限追索权。PPP 模式融资项目的有限追索权实现了合理分配风险，加强了对项目收益的控制并保留了

---

[1] 价格机制：PPP 项目风险控制关键点 [DB/OL]. 财经网，2015-05-05.

(3) 表外融资性。通过设立具有独立法人性质的 SPV 公司，区隔 SPV 公司和项目发起人之间的联系。SPV 公司成为项目贷款的直接债务人，使得项目发起人不会因为该项目的大量负债在资产负债表中体现，而对其债务信用评级产生影响，从而减轻其还本付息的责任及债务负担，且不影响其继续筹集所需资金。

(4) 项目的长期稳定性。我国目前鼓励采用 PPP 模式的公共服务领域包括能源、交通运输、水利、环境保护、农业、林业、科技、保障性安居工程、医疗、卫生、养老、教育、文化等，大多数项目都事关国计民生，项目失败不仅会给各相关方造成远高于服务供给成本的经济损失，更会给项目所属政府带来无法回避的社会稳定等问题，因此项目的持续稳定是地方政府关注的首要问题，这也就决定了地方政府在维系项目运营方面的间接责任。

(5) 项目风险难以预测和控制。虽然说 PPP 项目的风险应根据风险可控和分配优化等原则，适当转移给社会资本，以发挥其风险管理和控制的优势，将阻碍项目目标实现的不确定性尽可能降到最低。但由于 PPP 项目实施时间普遍较长，一般不短于 10 年、最长可达 30 年，这其中小到原材料价格上涨、消费者偏好变化及市场需求降低，大到项目技术工艺改革、国内外政治经济环境变化，尤其是目前社会资本最担心的政府履约意愿和履约能力等风险，都会对项目的实际盈利情况产生影响，也就间接影响到项目债务融资的还本付息能力，从而导致金融机构尤其是商业银行在对项目的传统贷款等比较谨慎。

(6) 项目经济强度较高。项目的经济强度是指最初安排投资时，如果项目可行性研究中假设条件符合未来实际情况，项目是否能够生产出足够的现金流量，用以支付生产经营费用、偿还债务并为投资者提供理想的收益，以及在项目运营的最后或者最坏的情况下项目本身的价值能否作为投资保障，一般从两个方面来测度：项目未来的可用于偿还贷款的净现金流量和项目本身的资产价值。我国目前推进的 PPP 项目中，以交通、水务、市政等基础设施项目为多，如在财政部公布的 206 个、总投资 6 589 亿元的第二批示范项目中，交通类项目 37 个，总投资 3 889 亿元、占比高达 59%；市政项目 59 个，总投资 1 027 亿元；水务项目 50 个，总投资 907 亿元。这类项目运营的排他性、基础设施运营的持续稳定、项目的自然垄断和显著的沉没成本等，都决定了 PPP 项目的经济强度较高。

## 三、PPP 项目各阶段的融资安排

### (一) PPP 项目前期融资安排

在 PPP 项目前期融资安排中，通过项目可行性分析、项目现金流测算、项目盈利能力预测等来明确项目投资规模。根据投资资金需求和各方利益要求，确定项目股权结构。还可通过在项目前期引入第三方机构担任财务顾问来协助完成项目的投资分析、融资方案设计等。

**1. 项目投资分析**

（1）项目分析。在投资 PPP 项目前需要对 PPP 项目进行投资分析，主要包括以下方面[①]：

①项目建设可行性。了解拟参与的 PPP 项目的具体建设方案，分析项目是否符合社会资本方的近期和中长期发展规划，项目实施后分析其对企业带来的效益和竞争力，分析项目建设的必要性。

②项目建设内容。分析项目的总体建设规模、所处的地址、所需的原材料、燃料、动力供应、运输条件；项目采取的工艺技术及设备；项目对承建单位的技术能力、承建资格要求等；对项目建设的进度计划和建设工期的要求。

③项目的投资效益情况。评估项目的固定资产投资、配套流动资产、项目总投资额；项目建设资金来源及融资结构；项目实现的成本、收入、税收、利润；项目的全部投资和资本金现金流量分析；盈亏平衡分析和敏感性分析等。

重点分析财务内部收益率、财务净现值、投资利润率、投资回收期、资本金利润率等指标，分析项目的盈利能力和可行性，作为参与项目的依据，同时可以测算政府付费或可行性缺口补助的标准。

（2）收费机制分析。结合本章第二节中关于 PPP 收入中的三种 PPP 项目收费来源分析，在对 PPP 项目进行前期评估时，应该意识到 PPP 项目的市场状况决定了项目的经济生存能力，决定了项目的风险分配和收益回报，也决定了社会资本方是否能够收回投资和取得预期回报。社会资本承担角色不同，所分担的风险也有所不同。

（3）股权安排分析。当政府部门与社会资本合资成立 SPV 公司时，双方应就项目所在地的市场监管环境、社会资本各方筹集资金能力、投资各方对股权比例的市场接受程度以及行业特点等众多因素，做出合理的股权结构设计和权利义务安排。

**2. 项目现金流测算**

PPP 项目能够吸引投资的基本条件在于项目可以形成稳定的现金流。一般来讲，应结合 PPP 项目可能的产品或服务的当期市场价值，考虑合理的折现率，对所要进行的项目进行现金流量测算，若得出的净现金流为负值，则对是否要进行该项目多加考虑。[②]

**3. 财务顾问**

在 PPP 项目的实施过程中，SPV 公司可以选择聘请商业银行、投资银行等机构担任财务顾问，通过参与项目的投标方案、融资方案的设计，最大限度保护 SPV 公司的利益。财务顾问的角色在于：

（1）在参与投标前，向政府相关部门引荐社会资本方；帮助社会资本对项目进行

---

① 黄怿炜. PPP 项目评价方法与决策研究 [D]. 同济大学, 2007.
② 徐成彬, 陈琦. 投资项目财务评价内部收益率的比较研究 [J]. 能源技术经济, 2011, 23 (10): 1-6.

评估，估计拟建项目所需的投资额，以及项目资金的来源和融资的结构，评估项目建成后的收入、成本和效益，协助完成项目投资分析报告。

（2）在项目融资时，运用专有的融资渠道和融资经验，帮助 SPV 公司选择融资时机、融资方式、融资结构以及融资期限和偿还方式，并对各方案进行比较，使 SPV 公司能得到利率较优惠、费用较少、期限适宜的资金。

### 4. 融资方式的选择

如第三章 PPP 项目的融资方式所介绍的股权融资、银行贷款、债券融资、保险融资、资产证券化等方式。其中，产业投资基金是比较适合项目前期资金的筹集。但上述融资方式各有特色，也需根据项目的自身特色和实际情况来选择，见表 4-1。

表 4-1　　　　适合 PPP 项目前期资本金融资的金融产品对比

| 金融产品 | 投资标的 | 优势 | 收益 | 不足 |
| --- | --- | --- | --- | --- |
| 产业投资基金（银行理财资金） | 以增资或购买股权、股权收益权等方式，投资于社会资本母公司、社会资本参与 PPP 的子公司或者 SPV 公司等 | 利用银行理财资金，可投资的范围广 | 一般以固定收益为主 | 融资成本较高；融资期限一般在 3 年以下；对融资主体要求较高 |
| 产业投资基金（保险资金、企业年金等） | 投资于社会资本母公司、社会资本参与 PPP 的子公司或者 SPV 公司等 | 国家政策支持、可投资范围广、融资期限较长 | 一般以固定收益为主 | 保险资管产品在监管部门报备时间长；借用信托通道模式会提高融资成本；风险偏谨慎 |
| 产业风险投资基金 | 投资于社会资本参与 PPP 的子公司或者 SPV 公司等 | 该资金一般来源于高净值人群，期限灵活，投资范围广 | 固定＋浮动/浮动 | 投资者会在项目回报与风险性上作出选择，这对项目盈利模式、运作方式等诸多方面提出了较高要求 |

## （二）PPP 项目建设期融资安排

PPP 项目在建设期的融资主要是以债权融资为主，因而主要涉及银行或其他金融机构。PPP 项目建设期的融资主要由 SPV 公司来负责牵头执行。SPV 公司需结合项目前期投资分析，设计出合理的融资方案。在确定融资方案之后，与银行或其他金融机构进行磋商，选择出适于合作的融资机构。再由 SPV 公司结合融资方案和融资机构要求，提供融资所需的相关资料，共同商定具体的融资条款。与此同时，SPV 公司受到融资机构对投资项目的资金监督管理，保证项目投资资金专款专用，维持项目正常运转。

**1. 项目建设期融资安排**[①]

（1）融资方案。SPV公司应根据前期对项目的投资决策分析，结合项目主要中标和成交条件（包括合作期限、服务要求、项目概算、回报机制等），设计项目融资方案。具体操作流程如下：

①确定项目投资中社会资本方和项目实施机构计划投入的自有资金的金额，测算计划融资规模；

②确定可以采取的融资方式，并从中选取最优的一种或几种方式组合去筹集项目建设资金；

③确定SPV公司能接受的最大融资成本，尽可能降低融资成本；

④确定合理的融资期限和可行的融资偿还方式，保证SPV公司的偿债能力；

⑤确定建设期的资金的使用计划。

（2）主要的融资方式（本部分内容在第三章已详细描述过，不再赘述）。

①项目贷款。

②银团贷款。

③信托贷款。

④融资租赁。

⑤股权基金。

⑥股东借款。

⑦外国政府贷款。

（3）其他适合PPP建设期融资的金融产品。PPP项目建设期具有持续时间长、投资额大等特点，且不同类型的PPP项目的特性也大相径庭。表4-2列出了除传统融资外，其他适合PPP项目建设期融资的金融产品，当进行PPP项目建设期融资时，SPV公司需结合具体的项目情况及金融产品特点适当选择。

表4-2　　　　其他适合PPP项目建设期金融产品的比较

| 金融产品 | 优　　势 | 不　　足 |
| --- | --- | --- |
| 保险债权投资计划 | 资金匹配度高、国家政策支持、可投资范围广、融资期限较长、企业用款比较灵活 | 保险资金风险偏谨慎，要求融资人主体高评级或者有相关金融机构提供增信 |
| 保险资产支持计划 | 资金匹配度高、国家政策支持、可投资范围广 | 保险资管第一次开展该业务需要报监管部门，风险偏谨慎 |
| 项目收益票据(PRN) | 具有规模不受净资产限制，发行人没有成立年限要求，存续期限较长等优点，可以满足SPV公司在项目成立阶段和建设初期的融资需求 | 项目收益债以项目为基础，基于项目的资信。项目收益债实行严格的账户管理，确保募集资金专款专用和项目现金流闭合运行 |

---

① 冷霜. 我国基础设施PPP融资模式的应用浅析 [J]. 内蒙古科技与经济, 2007 (04X): 13-14.

续表

| 金融产品 | 优势 | 不足 |
|---------|------|------|
| 结构性融资 | 利用银行理财资金，融资方式较为灵活 | 融资成本较高，融资期限一般在3年以下 |
| 项目开发贷款 | 银行传统业务，管理制度明确，融资成本不高 | 在融资前需在主管部门完成立项以及取得各项规证 |

**2. 融资磋商**

（1）选择融资银行。在项目融资方案确定后，SPV公司应通过与银行及其他金融机构进行磋商，确定合作的融资机构。对于投资金额较小的项目，可直接选择有业务往来的银行或其他金融机构商谈，从中选择一家，达成合作意向后，最终确定融资机构。对于符合以下条件的项目，可以采取银团贷款的模式进行融资。[①]

①大型集团客户、大型项目融资；

②单一企业或单一项目融资总额超过贷款行资本净额10%的；

③单一集团客户授信总额超过贷款行资本净额15%的；

④借款人以竞争性谈判选择银行业金融机构进行项目融资的。

在采用银团贷款模式下，SPV公司要首先确认牵头银行，与牵头银行谈妥银团贷款的条件，签署银团贷款委任书。牵头行向相关融资机构发出参加银团贷款意向书，开展谈判，确定银团的代理行、参与行等。

（2）融资提供资料。SPV公司向融资机构申请融资，应提供相应的资料，根据融资产品的不同，提供资料内容有所差别，基本上需要提供包含但不限于以下资料：

①融资申请书：申请书内容应至少包括借款用途、借款金额、借款期限、还款来源及担保方式等；

②基础资料：公司营业执照、组织机构代码证、税务登记证、验资证明、公司章程、法人代表身份证、近三年的审计报告（如有），近一期财务报表；

③合同文本：PPP项目合同、工程承包合同、运营服务合同、产品或服务购买合同、保险合同、原材料购买合同、融资合同、担保合同等；

④项目建设期间融资资料：项目可研报告，项目备案、审核、审批文件，项目环境评估报告，项目土地使用权证、建设用地规划许可证、建设工程规划许可证、建工工程施工许可证等；

⑤融资机构要求提供的其他资料。

**3. 合同组织**

项目建设期间，签署的融资合同可能包括SPV公司与融资方签订的项目贷款合同、担保合同、政府与融资方及SPV公司签订的直接介入协议等多个合同，其中项目贷款

---

[①] 冯东亮. 浅析商业银行参与PPP项目融资的风险管控和产品选择 [J]. 现代国企研究，2015（6）：195.

合同为主要的融资合同。

商业银行项目贷款合同的主要内容：
（1）贷款目的；
（2）贷款金额；
（3）贷款年限和还款计划；
（4）贷款利率；
（5）提款程序和提款前提条件；
（6）担保与保障；
（7）适用法律与争议解决；
（8）其他银行约定的条款。

**4. 融资方对现金流的控制**

项目的融资方在融资发放后，需要对 SPV 公司的资金使用情况进行监控。

（1）银行贷款。SPV 公司在银行申请项目贷款，按照银监会的要求，原则上要实行受托支付，对融资金的使用进行监管。贷款人应根据约定的贷款用途，审核 SPV 公司提供的支付申请所列支付对象、支付金额等信息是否与相应的商务合同等证明材料相符。审核同意后，贷款人应将贷款资金通过 SPV 公司账户支付给 SPV 公司交易对象。

（2）其他融资。SPV 公司使用其他融资方式时，融资机构可以在银行开立托管账户，在资金发放时，托管银行按照融资机构出具的支付指令要求把资金划至 SPV 公司账户。为了监控资金用途，融资机构往往要求 SPV 公司在银行同样开立托管账户，SPV 公司使用资金时，托管银行在审核资金用途、商务合同等文件后，支付给 SPV 公司的交易对象。

## （三）PPP 项目运营期融资（再融资）安排

PPP 项目竣工投产进入运营期后，出于降低融资成本、延长融资期限、维持运营、改进技术、提高标准等目的可能仍然有融资的需求。这一时期，对于已产生持续稳定现金流的项目可通过资产证券化、营运期贷款、增发股份等方式进行运营期融资。理论上来讲，通常将建设期之后的融资称为再融资，但再融资一般发生在运营期，移交期的融资一般不包含在内。

**1. PPP 项目再融资情况**

PPP 项目合同复杂、期限长、关联方多，政府和社会资本方很难预测项目各阶段现金流及实际风险，导致项目实际融资需求与原计划存在较大差异，往往需要通过再融资降低财务成本、延长融资期限或补充缺乏资金。PPP 项目运营期再融资是在项目投入试运营后发生的融资，这也是目前国际上最为常见的再融资阶段。

PPP 项目的运营期再融资通常有三种情况[①]：

---

① 李佳嵘，王守清. 再融资在国外 PPP 项目中的应用及对我国的启示［C］. 第八届中国项目管理大会论文集，2009（12）.

（1）维持项目正常运营或者重新改建需要再融资。有部分项目进入运营阶段后，随着运营期限的增加，采用的工艺、技术设备会逐步落后，设备逐渐老化，运营效率逐渐下降，需要通过改进运营项目的相关技术，以达到满足项目运营绩效要求或获得更高的收益。因此为了维持项目正常运营或者进行重新改建需要再融资。

国家的标准可能会随着时间的推移不断提升，某些标准的提升可能导致项目的提标改造，需要大量的资金投入，导致项目需要再融资。

（2）降低融资成本或延长融资期限需要再融资。随着项目工程建设的结束以及稳定现金流的产生，违约风险大幅下降，银行等金融机构将会更积极将资金提供给 PPP 项目，随着更多金融机构信心的增加，PPP 项目可以获得更长期限且更低成本的资金。

资本市场的整体利率在项目初次融资完成后可能下调。市场利率下调的因素较多，比如银行间市场或政府公布的基准利率下调，随着中国利率市场化进程的加快，银行业之间的激烈竞争可能导致市场利率水平逐步下降，融资工具也更加丰富多样，即使项目风险尚未得到明显的改善，也有机会获得更低成本的资金。

（3）有投资人退出需要再融资。PPP 项目的建设和运营的初期，对于投资人来说风险较高，存在诸多不确定性，向其他投资人进行股权转让比较困难。一旦项目进入稳定运营期，产生稳定的现金流，原始投资者出让股权则更加容易，股权转让的高对价可能降低新进入一方的内部收益率，但是较低的风险对于稳健的投资者来说仍然具有吸引力。当项目完工并成功运行时，出售部分或全部股权为股东提供了一个改善项目收益率的机会，并可以获得最初的投资收益目标。此种情况下，PPP 项目可通过股权转让方式实现再融资。

## 2. PPP 项目运营期再融资的可行性和必要性

PPP 项目运营期再融资的可行性和必要性主要体现在 SPV 公司自身对项目融资的评估和政府部门对再融资的管理两个方面。

（1）SPV 公司自身要对再融资进行项目融资评估。PPP 项目运营过程中社会资本或 SPV 公司应披露项目产出的数量和质量、项目经营状况等信息，形成的绩效监测报告、中期评估报告等要进行公示，接受公众和政府的监督。项目产出情况和绩效情况也是使用者付费和政府付费的依据。因此，SPV 公司进行再融资前一定要进行充分的项目融资评估，根据融资的效益性、安全性和流动性要求运用定量与定性相结合的方法对项目融资进行全面系统的评估，为融资决策提供客观、公正、准确的依据。项目融资评估要关注的基本情况通常包括以下内容[①]：

①SPV 公司、SPV 公司股东及相关关系人的基本情况。包括 SPV 公司概况、SPV 公司履约情况、经济技术实力评价、资产运用效率评价、财务状况评价、发展前景评价等方面。

②融资项目的基本情况。包含 PPP 项目改建条件评价、投资估算和筹资评价、项

---

① Zheng S. Option – based quantification and generic optimization of debt refinancing in public – private partnership infrastructure projects [J]. Thesis，2013.

目技术和财务可行性评价。

③项目产品市场评价。其主要内容包括PPP项目产品质量和数据评估、市场环境评估、市场竞争能力分析和市场前景评估。

④市场环境评估。SPV公司要调查分析同类产品的市场供给、需求、价格现状及变化趋势，应关注其交易价格和承诺数量的实际执行情况。调价行为是否可行，是否满足政府设定的调价机制。

⑤市场竞争能力分析。SPV公司要分析近三年主要产品市场销量、价格和销售回款的变化情况，分析主要产品的经济寿命期；调查以上项目产品目标市场的竞争状况、主要竞争对手情况及潜在市场竞争因素，分析自身资源占有、工艺技术设备、规模效益、新产品开发能力、项目产品的技术先进性、质量、性能、价格、商誉品牌等方面市场竞争能力及市场占有率。

⑥市场前景评估。SPV公司要分析在预计融资偿还期内主要产品的市场容量及风险状况，评估主要产品的销量、价格变化趋势及波动幅度，预测市场销售前景。对产品价格需要由物价部门核准的项目，应按照物价部门的批复测算；城市基础设施和服务品的价格，应根据政府价格政策以及消费者支付意愿和承受能力进行测算。

⑦项目偿债能力评价。以偿债能力分析为核心，重点从项目技术可行性、财务可行性和还款来源等方面评估项目风险，充分考虑政策变化、市场波动等不确定因素对项目的影响，审慎预测项目的未来收益和现金流。重点从以下几个方面进行评价和预测：

第一，SPV公司综合效益分析。一般包括SPV公司原有项目效益、在建工程和拟建项目预计效益。

第二，项目财务效益预测。根据项目现有产出水平、绩效标准和PPP项目合同执行情况，结合PPP项目调价机制和政府相关规定，分析测算项目的投资、生产期成本费用、销售收入等数据计算投资利润率、财务内部收益率、投资回收期等指标，并进行不确定性分析。

第三，SPV公司综合效益评价。SPV公司根据近三年资产负债和损益变化趋势，确定变动规律，综合考虑生产发展纲领、财务规划，将原项目、在建项目和拟建项目进行有机结合，预测计划融资期内资产负债和经营效益变化情况，计算分析销售利润率、资产负债率、流动比率、速动比率等主要经济指标。

第四，偿债能力评估。在预测综合效益的基础上，测算可偿债资金来源，在考虑原有长期负债按合同约定偿还的基础上测算项目的融资偿还期或偿债保证比。

（2）政府部门对再融资的管理。为了调动SPV公司的积极性并保障融资的灵活性，政府部门通常会允许SPV公司在一定条件下对项目进行再融资。通常，PPP项目合同中会对再融资的情况进行一定的约定，此外，政府部门对再融资也会有一定的管理要求。

①融资协议签署之前须经政府的批准。项目负债情况和财务成本的高低直接影响PPP项目运营的效率和质量。而PPP项目多为公共服务类项目，通常与群众生活相关，关系到广大人民群众的利益，政府有责任和义务监测项目再融资行为。

②PPP项目再融资应该不影响项目的实施。再融资过程中，任何担保工具和融资

产品的使用都不得对项目实施进度和运营起负面影响效果，再融资只能用于改进技术、提高标准、降低成本或延长融资期限等用途。

③再融资应该有利于增加项目收益。一方面，随着 PPP 项目进行到稳定的运营期，违约风险下降，银行等金融机构将会更积极地为 PPP 项目提供资金，使 PPP 项目可以获得更长期限及更低成本的资金。另一方面，随着中国利率市场化进程的加快，资本市场整体利率在逐渐下降，这也使得 PPP 项目有机会获得更低成本的资金。资金成本政策应该有利于增加 PPP 项目的收益。

④再融资所节省的财务费用的分成机制。PPP 项目合同中可能会规定，政府方对于因再融资所节省的财务费用享有按约定比例（例如 50%）分成的权利。分成机制的设置可以使政府更有动力协助 PPP 项目进行再融资，通过降低财务成本而取得节省的财务费用分成。

### 3. 再融资主要方式

（1）债权融资。债权融资是指 SPV 公司通过借贷的方式，向公司外部（也可以向股东借款进行债权融资）融资。债权融资具有期限，且要求按照合同约定支付本金及利息。PPP 项目的债权形式的再融资主要是银行贷款、发行债务融资工具、信托贷款、保险债权投资计划等形式。[①]

（2）股权融资。股权融资指 SPV 公司利用向投资者增发股份的方式获得资金，股权融资的资金没有固定到期日，SPV 公司无须利用公司自有资金进行偿还，在投资者入股时，通常也没有给予每年分红比例的承诺，对 SPV 公司来说并没有增加现金流出的压力，也没有财务成本的压力，这是 PPP 项目再融资的一个好的选择。[②]

（3）资产融资。资产再融资主要有资产证券化、资产支持票据等金融产品。通过资产融资可将 PPP 项目资产放到金融市场进行流通。通常该项资产需要具有价值或稳定现金流，之后通过公开发行的方式在金融市场出售，使资产获得流动性。对于 PPP 项目而言，资产融资主要包括两种类型的基础资产：一类是既有债权类，例如已进入运营期的 PPP 项目的回收款和企业的应收账款；另一类是收益权类资产，包括市政公用事业收费权和公共交通收费权等。

此外，还有一些常用的再融资工具可供选择，表 4 - 3 列举了这些工具各自的优势和不足以供参考。

表 4 - 3　　　　　　　适合 PPP 项目再融资的金融产品优劣比较

| 金融产品 | 优　势 | 不　足 |
| --- | --- | --- |
| 资产支持票据（ABN） | 为标准化产品，基础资产所产生的现金流作为还款支持，拥有活跃的公开市场 | 受交易商协会管理，审批流程略长 |

---

① 宋增基，张宗益，秦奋. 股权融资、债权融资与金融风险 [J]. 金融发展研究，2002（8）：27 - 28.
② 宓永伟. 我国上市公司股权再融资偏好分析 [J]. 金融纵横，2006（9）：57 - 59.

续表

| 金融产品 | 优　势 | 不　足 |
|---|---|---|
| 资产证券化（ABS） | 为交易所标准化产品，基础资产所产生的现金流作为还款支持，拥有相对活跃的公开市场 | 受监管负面清单限制 |
| 结构性融资 | 利用银行理财资金，融资方式较为灵活 | 融资成本较高，融资期限一般在3年以下 |
| 公司债 | 主体范围广、发行流程简便、发行方式灵活。募集资金用途可以用于项目建设、置换银行贷款或补充流动资金 | 对主体评级要求较高 |
| 非公开定向债务融资工具 | 准入标准较其他公开发行的债务融资工具较低，且融资方式较便捷，注册额度不受净资产40%限制，资金使用也比较灵活 | 由于PPN采取非公开定向方式发行，发行成本会因流动性溢价较同期限公募产品稍高 |
| 中期票据 | 由于采取公开方式发行，中期票据的募集资金用途灵活，可用于置换银行贷款、补充经营流动资金缺口及项目建设 | 对主体评级要求较高，中期票据待偿还余额不得超过企业净资产的40% |
| 永续票据 | 无固定到期日，无限定资金用途且资本金可超过项目资本金总额的50% | 对主体评级要求较高 |
| 融资租赁（可结合内保外贷） | 融资租赁+内保外贷方式降低企业融资成本，同时融资期限较为灵活，在合适的汇率、利率下能大大降低融资成本 | 受外资租赁公司外债额度限制 |

## （四）PPP移交期（社会资本退出）融资安排

项目移交通常是指在项目合作期限结束或者项目合同提前终止后，项目实施机构或政府指定的其他机构代表政府收回项目合同约定的项目资产。对于项目合作期限结束的移交，要求项目资产必须在无债务、未被用于抵押、设备状况完好的情况下移交给政府指定机构。通常PPP项目合同中应明确约定移交形式、补偿方式、移交内容和移交标准。其中，补偿方式包括无偿移交和有偿移交。

采用有偿移交方式的，项目应在合同中应明确约定补偿方案；没有约定或约定不明的，项目实施机构应按照"恢复相同经济地位"原则拟定补偿方案，报政府审核同意后实施。有偿移交过程中，项目实施机构或政府指定的其他机构在收购项目资产或SPV公司股权时可能涉及融资行为。融资主体可能是原SPV公司股东（政府部门代表），也可能是其他国有企业，但通常是地方政府控股企业。

由于原SPV公司的控股方即社会资本，通过项目移交出让资产或股权后，收购方都会成为项目资产或SPV公司的实际控制人，因此项目移交行为实质上也是一种并购行为，适用各种并购融资方式。融资主体可通过并购贷款、并购基金、并购债券、信托、证券资管等融资产品获得并购资金（详见表4-4）。

表4-4　　　　　　　　PPP项目移交常用金融产品对比

| 金融产品 | 优势 | 不足 |
| --- | --- | --- |
| 并购贷款 | 并购贷款的融资期限较长，最长可达7年；<br>融资规模最多可达并购交易金额的60%；<br>并购贷款融资成本较低；<br>操作流程简便，所需时间短，融资效率高；<br>并购贷款可以为企业提供税收挡板，提升企业价值 | 有欠灵活 |
| 并购基金 | 并购基金实施并购不受上市公司信息披露要求约束，有利于上市公司市值管理；<br>利用商业银行优先资金放大杠杆，有利于提高并购整体收益率；<br>并购基金作为并购主体，而非上市公司，有利于并购价格谈判 | 融资成本较高、融资期限一般在3年以下 |

项目移交期的融资主体通常是以政府为背景、实力雄厚的国有企业，移交后会成为项目资产和SPV公司的实际控制人。且项目经过社会资本方在经营期内的培育，一般来说运营状况均较好。强大的融资主体和优质的项目资产都会给金融机构更多的信心，提高金融机构对融资方资金支持的积极性。

### （五）PPP项目不同付费方式的金融产品选择

在PPP模式下对项目进行融资，不仅针对不同的项目阶段需要选择不同的金融产品，不同的项目付费方式，也会影响其融资方式或金融产品的选择（详见表4-5）。

**1. 政府付费模式下融资方式的选择**

由于政府是政府付费模式的付费主体，因此政府采购并将其纳入政府预算，对SPV公司的回款是强有力的保证，可以使用应收账款质押/转让、保险资产支持计划等金融解决方案实现未来现金流的有效利用；同时根据不同SPV公司的实际情况可以考虑流动资金贷款、银行承兑汇票、融资租赁等传统融资模式。

**2. 使用者付费模式下融资方式的选择**

使用者付费模式下是由项目产品或服务的最终消费者来承担费用，其预期现金流稳定性相较政府付费而言更弱，因此可以使用应收账款质押/转让、ABS、ABN等金融解决方案实现未来现金流的有效利用；同样也可以考虑政府付费模式下的相关传统融资模式。

**3. 可行性缺口补助模式下融资方式的选择**

该模式下，由政府和使用者共同承担费用，与使用者付费模式对融资要求相似，同样可以使用应收账款质押/转让、ABS、ABN、流动资金贷款、银行承兑汇票、融资租赁等金融方式。

表 4-5　　　　　　　　　　不同项目付费模式下的融资方案

| 付费方式 | 收入分析 | 付费方式的金融解决方案 |
|---|---|---|
| 政府付费<br>公共部门 → 付费 → 项目公司 → 提供服务 → 最终使用者 | 该 PPP 合作模式下以政府付费作为 SPV 公司唯一收入方式，政府在符合相应采购管理办法的前提下采购 SPV 公司服务，政府按照新预算法的相关要求将资金安排纳入政府预算 | 由于政府采购，并纳入政府预算，对 SPV 公司的回款有了强有力的保证，可以使用应收账款质押/转让、保险资产支持计划等金融解决方案实现未来现金流的有效利用；同时根据不同 SPV 公司的实际情况可以考虑流动资金贷款、银行承兑汇票、融资租赁等传统融资模式 |
| 使用者付费<br>项目公司 ⇄ 付费/提供服务 ⇄ 最终使用者 | 该 PPP 合作模式下最终使用者作为 SPV 公司收入方式 | 可以使用应收账款质押/转让、ABS、ABN 等金融解决方案实现未来现金流的有效利用；同时根据不同 SPV 公司的实际情况可以考虑流动资金贷款、银行承兑汇票、融资租赁等传统融资模式 |
| 政府缺口性补助付费+用户付费<br>公共部门 → 可行性缺口补助 → 项目公司 ⇄ 付费/提供服务 ⇄ 最终使用者 | 该 PPP 合作模式下以用户付费、政府补贴作为 SPV 公司收入方式，政府按照新预算法的相关要求将补贴安排纳入政府预算 | 可以使用应收账款质押/转让、ABS、ABN 等金融解决方案实现未来现金流的有效利用；同时根据不同 SPV 公司的实际情况可以考虑流动资金贷款、银行承兑汇票、融资租赁等传统融资模式 |

# 第五章　PPP 项目的融资风险分担与管理

PPP 项目不是独立存在、并且运行于经济和社会环境中，它的融资情况难免会受到政府部门、社会资本、金融机构等融资主体及融资经济环境等众多不确定性因素的影响。而在众多不确定因素中，金融市场的变动对其有直接显著的影响作用。

本章着重研究融资过程中涉及的由于金融机构或金融市场变动等引起的 PPP 融资方面所面临的风险。我们首先对项目风险和 PPP 融资风险加以区分，提出了 PPP 项目风险管理框架，在这个框架之下进行 PPP 融资风险识别、评估、分担及应对。在融资风险识别阶段，运用传统风险识别手段识别出主要的 PPP 融资风险，并就识别出的风险加以详细的描述。紧接着运用经典的风险量化方法，从定性和定量不同角度分别对主要的 PPP 融资风险进行评估。再结合一般风险分担原则和 PPP 模式融资特点，得出针对 PPP 项目的融资风险分担原则、分担机制以及分担框架等。在明确了政府部门和社会资本就 PPP 项目各个融资风险所分担的责任的基础上，再对每个特定的融资风险提出具体的应对措施。

## 一、风险、PPP 项目的融资风险与 PPP 项目的融资风险管理框架

### （一）风险概念

风险是指在规定的时间内不确定事件发生的可能性，广义的风险事件有正负之分，可能带来利益或损失的不确定事件都可以认为是风险事件。[①]

风险的定义中包含了四个重要的要素：

（1）风险事件。风险事件是产生收益或损失的直接原因和条件，风险事件的发生使潜在的风险转化为现实的收益或损失。

（2）事件发生的可能性或不确定性。风险事件的发生具有不确定性，要成为风险，风险事件必须具有 0~1 之间的发生概率，概率为 0 意味着事件不可能发生，因此不会产生损失。相反，概率为 1 意味着事件一定会发生，使之成为一个需要解决的实际问题而不是风险。

---

① 丁义明，方福康. 风险概念分析 [J]. 系统工程学报，2001（5）：402-406.

(3) 事件发生后产生的结果或影响。风险的概念具有个体化，可能产生机遇增加收益，也可能产生危险造成损失，在项目中利用合同明确风险分配的方式，当双方协作管理风险，使项目增大获益的机会，尽量降低失败的风险。

(4) 风险发生的时间及持续时间。风险事件出现在不同阶段会产生不同的影响。

## （二）PPP 项目的风险

PPP 项目不同于其他领域，其风险有自身的特点[①]：

### 1. 风险周期长，风险更为复杂多样

PPP 项目相对于一般工程项目，投资建设规模大、时间跨度长，因此风险周期也更长。此外，由于基础设施建设运营及公共服务类项目的特殊性和不同利益主体间合作关系的多样性，PPP 项目具有比一般工程项目更复杂的风险因素。通常 PPP 项目的风险种类有政治风险、法律风险、市场风险、经济风险、自然风险、融资风险、设计风险、建设风险、运营风险、组织风险等，而每种风险又包含了若干风险因素。

### 2. 政策及法律风险相较更大

PPP 模式的应用领域为公共产品或服务供给，尤其是准经营性公共基础设施项目，这类项目虽然有一定的收费机制和现金流入，但是价格机制不灵活，其价格的形成和调整涉及公共利益，不能完全按市场规律，其现金流入通常无法弥补项目投资和运营维护成本。在多数情况下，需要政府部门向社会资本提供一定的政策优惠措施，如财政补贴、税收优惠、为项目的融资提供还款保障、给予配套设施开发权等，才能弥补项目现金流入的不足。因此，项目整个生命周期内优惠政策的持续性、稳定性、合法性以及其他与项目有关的政策、法律法规的变化会对项目的行业体制、市场供求、收费标准以及合同条款的效力等造成影响，从而影响项目的正常实施，严重的甚至会导致项目中止或失败，这在我国的 PPP 项目中已有先例。此外，与一般工程项目相比，PPP 项目实施过程中政府部门全程参与，政府部门内部意见分歧、各级部门意见不一致、人事变动、贪污腐败问题等会对项目的建设与运营产生较大的影响。

### 3. 政府和社会资本需共同分担 PPP 项目风险

在 PPP 项目中，通常将风险进行分配，原则上是由社会资本承担项目设计、建造、财务和运营维护等商业风险，政府承担政策、法律和最低需求等风险，至于不可抗力则由政府和社会资本共同承担。如果风险分配不当，不仅会降低项目风险管理的水平，甚至会导致项目失败。

---

① 林丽红. 公私合作模式（PPP）下城市基础设施项目风险研究 [D]. 中国海洋大学，2014.

### （三）PPP 项目的融资风险

PPP 项目的融资结构复杂，加上基础设施投资额巨大等特点，导致项目整个生命周期存在许多不确定因素，并且贯穿于项目的全生命周期。本章所指 PPP 融资风险是指 PPP 项目中与金融机构或金融市场相关的风险，包括资金可获得性风险、金融机构融资信用风险、汇率风险、利率风险、通货膨胀风险、资金流动性风险、金融机构监管风险、再融资风险等方面的内容。[①]

### （四）PPP 项目的融资风险管理框架

PPP 项目的融资风险管理流程按照一般风险管理流程应分为融资风险识别、融资风险评估、融资风险分配、融资风险应对四个阶段，具体流程如图 5-1 所示。

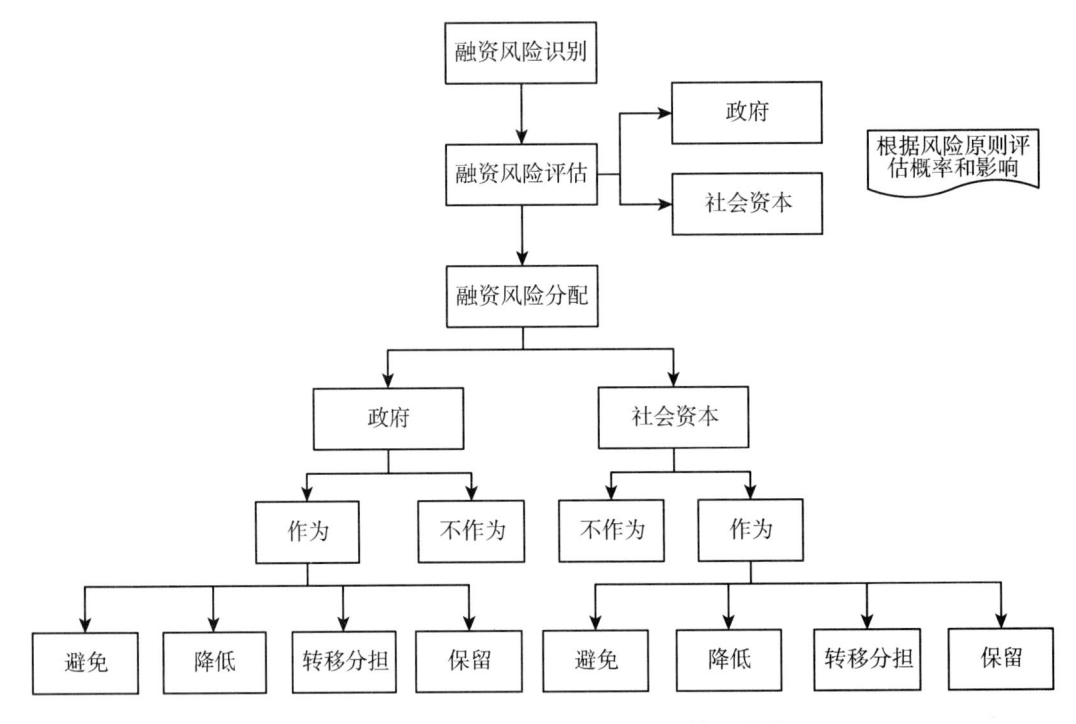

**图 5-1 普通 PPP 模式融资风险管理流程**

按照这一流程，利益相关方（政府和社会资本）均应对项目所面临的融资风险一一进行评估，但这会导致流程过于烦琐，工作量巨大，而且会导致重复计算等问题的出现。因此，在已有的 PPP 模式融资风险分担的研究和实践案例分析的基础上，人们对传统的融资风险管理流程进行了一定程度的优化，提出了基于伙伴关系的 PPP 模式融资风险管理流程，如图 5-2 所示。本章后续分析也将以此为基础展开。

---

① 石磊，侯军伟. PPP 融资风险管理模型研究 [J]. 合作经济与科技，2009（16）：37-38.

在伙伴关系 PPP 融资风险管理方式下，项目融资风险分担的核心原则就是将风险分配给最有控制力、成本最低的一方，且风险与回报相符。[①] 一般来说，政府希望把能够影响结果的融资风险转移给社会资本。从目前实践来看，融资风险部分由社会资本承担，部分由政府承担，还有部分则由双方共同承担。一些项目比较特殊的金融风险需要双方在风险分配时谈判协商，在分配完成后，各方再根据实际情况制定风险应对措施，决定作为或不作为。常见的应对方法有融资风险规避、融资风险降低、融资风险转移、融资风险保留。

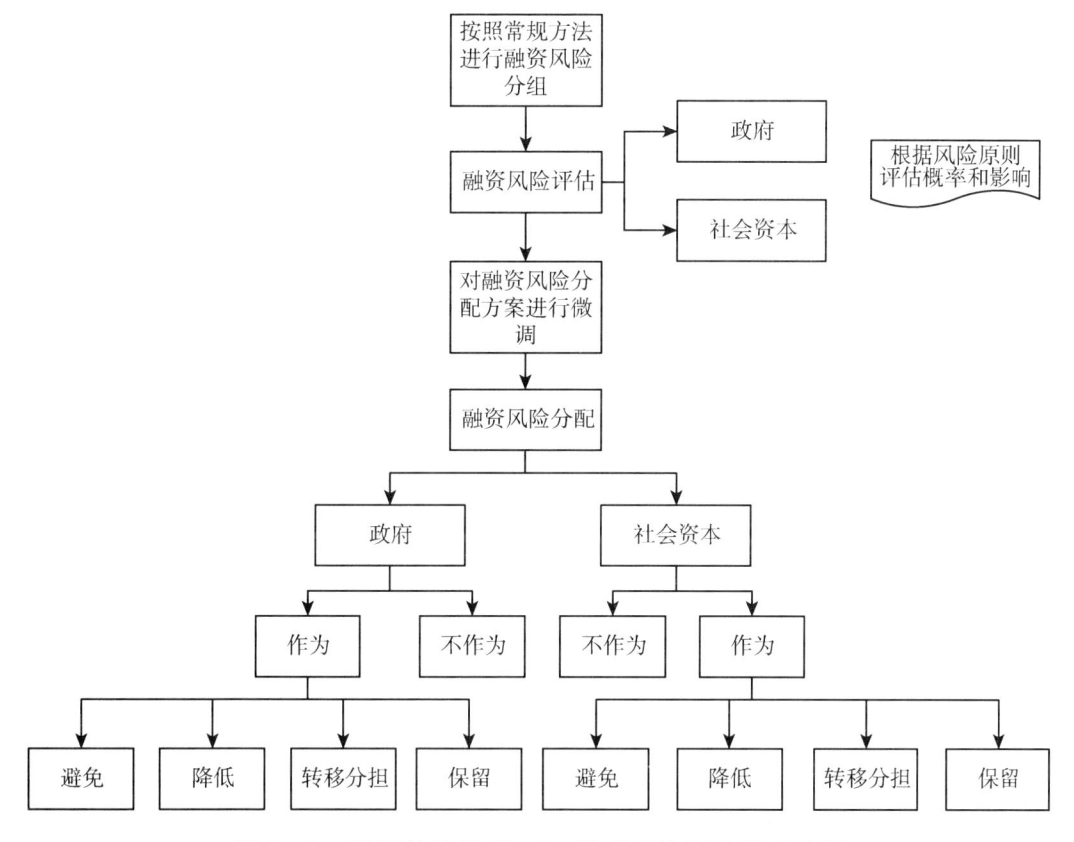

**图 5-2　基于伙伴关系 PPP 模式融资风险管理流程**

这样的融资风险管理框架更加具有实用性，避免重复做工，尊重 PPP 项目之间的共性和差异，能够有效地提高 PPP 模式融资风险管理效率，在政府方和社会资本方之间达成合理的 PPP 模式融资风险分担分配方案。

---

① 柯永建，王守清，陈炳泉. 英法海峡隧道的失败对 PPP 项目风险分担的启示 [J]. 土木工程学报，2008 (12).

## 二、PPP 项目的融资风险识别

### （一）PPP 项目的融资风险识别概述

融资风险识别是融资风险管理的首要步骤，由风险管理人员在收集资料和调查研究之后，运用一种或多种风险识别方法组合，连续、系统地对可能影响项目的各种融资风险事件进行系统归类和全面识别。PPP 项目的融资风险识别是 PPP 项目的融资风险管理的基础，是贯穿于 PPP 项目全生命周期的连续的、动态的过程。[①]

采用 PPP 模式的投资项目具有一些不同于一般投资项目的融资特点，如投资巨大、杠杆融资比例高、建设投资期长、融资成本高、风险分担复杂、资金结构多层次等。且 PPP 项目的融资容易受到金融机构偏好和金融市场波动的影响。一般人们习惯把 PPP 项目的融资风险划分为以下八类，即资金可获得性风险、金融机构信用风险、汇率风险、利率风险、通货膨胀风险、流动性风险、金融机构监管风险和再融资风险。

### （二）PPP 项目的主要融资风险

#### 1. 资金可获得性风险

PPP 项目的融资体量大，资金使用时间长，要筹集到规模合适、期限匹配的资金本身就是一件十分困难的事。而且由于融资结构不合理、金融市场不健全、融资渠道不畅通等因素，会进一步增加项目资金筹措的困难。资金可获得性风险主要存在于项目开发阶段和再融资阶段，它对项目成败的影响很大。如 PPP 项目竞标为了压低成本，通常采取短期融资，但随着经济情况的变化，银行提供长期信贷资金的能力可能降低，信贷期限更多集中于短期，这就需要 SPV 公司不断滚动融资，但如果资金可获得性差，有可能存在资金链条断掉的风险，导致项目最终失败。

#### 2. 金融机构信用风险

金融机构作为 PPP 项目资金的重要提供方，其参与程度对 PPP 项目的成败具有举足轻重的作用。目前金融机构为 PPP 项目提供融资及服务均以融资合同或协议作为保证，保证合同双方实现合同利益。而 PPP 项目能否按照融资合同的约定及时得到融资支持，很大程度上依赖于金融机构的信用状况，金融机构信用风险最简单和常见的表现形式就是违约，即金融机构未按照合同履行相应义务和承诺。

---

[①] 李灿灿. PPP 融资模式风险分析 [J]. 科学与管理，2010（2）：36 – 37.

### 3. 汇率风险

汇率风险又称外汇风险或外汇风险暴露，是指在国际金融和经营活动中，以外币计价的收付款项、资产与负债业务因国际金融市场上汇率的变动而导致各经济主体未来收益变化的不确定性，具体包括三个要素：本币、外币和时间。就PPP项目而言，如果项目存在外资引入或外币支付等方面内容，就很可能存在汇率风险。应该说在项目的全生命周期内都可能存在汇率风险，汇率风险可细分为外汇波动风险、外汇的不可获得风险以及外汇的不可转移风险。[①]

（1）外汇的波动风险。外汇的波动风险是指因持有外汇的波动而给项目发起人带来损失的可能性，包括交易风险、经济风险和会计风险。

（2）外汇的不可获得风险。主要由于项目东道国外汇短缺不能满足外汇汇兑的需求，导致SPV公司不能将当地货币转换成需要的外国货币，以偿还债务或其他对外支付，从而导致项目难以正常开展的风险。

（3）外汇的不可转移风险。指由于东道国政府进行外汇管制等导致不能将项目取得的外汇收入结汇后及时汇回本国，从而导致境外项目发起人无法及时获得项目利润，收回资金也会带来损失的可能性。

### 4. 利率风险

利率风险是指在项目融资过程中由于利率的变动而带来项目价值损失或收益的不确定性。利率作为资金的使用价格，其变动将直接导致资金的使用成本的变化，从而造成PPP项目成本的变化，并最终影响PPP项目参与各方的收益。对于PPP项目的融资来说，项目融资杠杆比例高、投资回收期长，使得项目的贷款利息支付与本金偿还长期面临利率波动带来的价值变化，从而影响项目的成本和收益。利率风险主要表现为浮动利率融资下利率上升时融资成本的增加，以及固定利率融资下利率下降时资金机会成本的损失。[②]

### 5. 通货膨胀风险

通货膨胀风险普遍存在于各国经济活动中。在PPP项目实施过程中，如果出现通货膨胀，带来的直接影响便是项目运行原材料和设备涨价、劳动力涨价，导致项目建设运营成本支出增加、收费困难等，进而影响项目发起人的收益。如在一些电厂PPP项目中，由于通货膨胀使燃料价格上涨，但项目产出的价格水平——电价不能随意调整，如果政府不给予价格补贴，项目发起人的收益就会受到严重影响。

### 6. 流动性风险

PPP项目流动性风险一般是指由于项目运营收入（现金）不足以偿还债务，项目

---

[①] 孙晓丹，王勃，刘俊颖. 国际工程承包项目汇率风险应对 [J]. 国际经济合作，2008（9）：57-60.
[②] 李焰. 我国商业银行的利率风险及管理研究 [J]. 财贸经济，2000（9）：56-59.

缺少流动资金的风险。对于 PPP 项目而言，在项目建设期，服务以及营收能力尚未发挥，因此容易出现流动性问题。但在进入运营阶段后应该能够表现出能产生足够流动资金以偿还债务以及为项目运营维护提供足够资金的能力，否则，就说明该项目存在很大的流动性问题。而且流动资金往往在运营期投入，在建设期易被忽视或为了控制总投资规模而被调整，造成运营期缺少足够流动资金，这也会造成项目运行过程中的流动性风险。

### 7. 金融机构监管风险

PPP 项目建设运营资金的来源渠道具有多样化的特点，但为了确保专款专用，投入资金被用于项目建设，项目现金流入能用以偿还负债，金融机构往往会对项目运作过程进行财务监管，并及时掌握项目的建设经营情况。但在监管过程中，金融机构可能因直接介入条款而对项目进行干预，造成监管权滥用，这反而会增加项目运行管理方的危机感，打乱其正常节奏，干扰项目的正常运行。

### 8. 再融资风险

PPP 项目合同复杂、特许期长、关联方多，政府部门和社会资本很难准确预测项目各阶段现金流和把握存在的风险，导致项目实际融资需求与原计划存在较大差异，往往需要通过再融资来降低财务成本或补充缺乏资金。

在 PPP 项目运营过程中，SPV 公司存在由于预期和现实不符导致出现资金紧张或者资不抵债等问题，需要进行再融资。或者随着运营期的增加，设备逐渐老化，运营效率下降，需要通过改进项目的相关技术以保证项目的顺利运营。这时有可能需采取再融资为项目技术改造获得资金。此外，出于化解资金前期投入与项目期间的时间匹配问题，以及有效降低项目资金成本的考虑，SPV 公司往往也会有项目再融资的要求。但在再融资过程中又容易出现如再融资过程违反前期合同规定，进而导致违约责任赔偿；以及如事态紧急难以找到有效的再融资途径或者再融资成本过高等问题。这些问题往往造成再融资失败，成为影响项目顺利进行的障碍。

以上融资风险在具体的 PPP 项目中并非都会出现。在不同的 PPP 项目中，因建设环境、项目参与方、项目特征等不同，这些风险对项目的影响程度也不一样。因此，需要采取一些风险识别方法对具体 PPP 项目的融资风险进行识别，如头脑风暴法、核对表法等。头脑风暴法适用于问题比较单纯、目标比较明确的情况，在对 PPP 项目的融资风险进行识别时，可采用此方法，参加会议的人员应由项目风险研究领域或在融资风险管理方面有经验的专家组成，根据具体 PPP 项目的特征和环境，识别出给项目带来危险的融资风险。核对表法适用于常见风险，融资风险是 PPP 项目的常见风险，通过搜集类似 PPP 项目的资料及访问相关人员，弄清以往类似项目中曾有的融资风险并列表，风险识别人员应根据核对表结合具体 PPP 项目的情况，预测其中哪些风险可能在项目中出现。

## 三、PPP 项目的融资风险评估

### (一) 融资风险评估概述

融资风险评估（Financial Risk Assessment），一般是指在融资风险识别的基础上，测定和评估风险发生的可能性、持续时间及对项目目标（工期、成本、范围、质量等）的影响。

PPP 项目的融资风险评估一般包括两个阶段：定性评估和定量评估。定性评估主要采用描述性语言来表述风险的可能性及影响，如中等、较高和高。定性评估受评测者实践经验及知识水平的影响较大，评估结果具有较强的主观性。定量评估一般是基于大量可获取的数据对已识别风险的可能性及影响进行数值估计，能够较为准确地量化风险，在这方面，定量分析具有其不可替代的优势。然而在实际操作过程中，定量分析很难达到准确程度，因为评测者很难获取可靠的数据，尤其当风险事件涉及人的行为时，数据的可靠性就难以保证。所以，实践中使用较多的另一种方法是半定性半定量分析，最大限度保证评估结果的可靠性同时尽可能减少评测者的主观影响。[1]

定性评估虽易受主观因素的影响，但这类方法操作简便、节约时间及成本，所以在实际操作中，定性评估结果常常用作定量评估的基础，只有通过了定性评估，定量评估才有必要。因此在风险评估流程中应秉承"先定性、后定量"的评估原则对融资风险进行评估。主要的 PPP 项目的融资风险评估步骤如图 5-3 所示。

### (二) 定性评估

定性评估方法是指依靠预测人员丰富的实践经验以及主观判断和分析能力，推断出事物的性质和发展趋势的分析方法。实践中 PPP 项目的融资风险评估常用的定性评估方法主要有风险矩阵法、经验判断法、德尔菲法等。[2]

**1. 风险矩阵法**

进行风险评估时，将融资风险发生的可能性分成若干等级，将风险事件发生的影响也分若干等级，以风险发生可能性作为表行，将风险影响作为表列，绘制成表，在行列交点上标注相应的融资风险项，由此构成一个风险矩阵。这种评估方法简单明了，易于掌握，适用范围很广（见图 5-4）。

---

[1] Chan A. P. C., Yeung J. F. Y., Calvin C. P., et al. Empirical study of risk assessment and allocation of public-private partnership projects in China [J]. Journal of Management in Engineering, 2010.
[2] 毛儒. 论工程项目的风险管理 [J]. 都市快轨交通, 2004, 17 (2): 3-5.

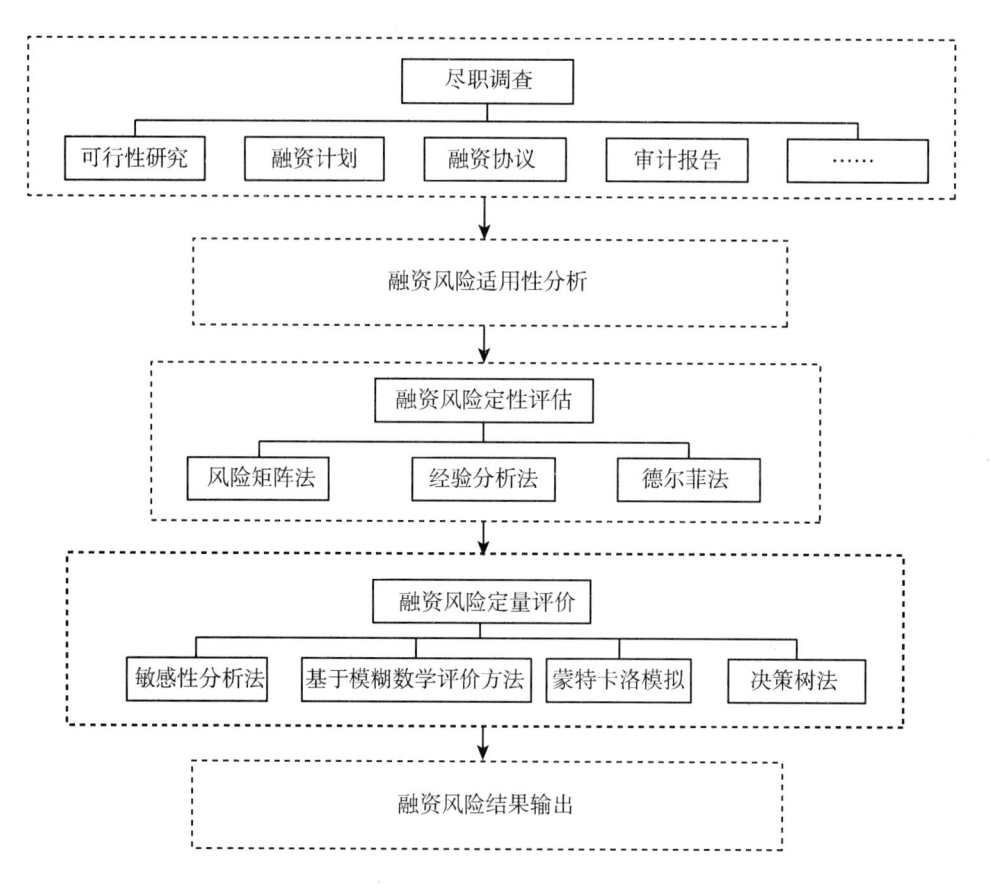

**图 5-3 融资风险评估一般流程**

资料来源：Li B., Akintoye A., Edwards P. J., et al. Critical success factors for PPP/PFI projects in the UK construction industry [J]. Construction management and economics, 2005, 23 (5): 459-471.

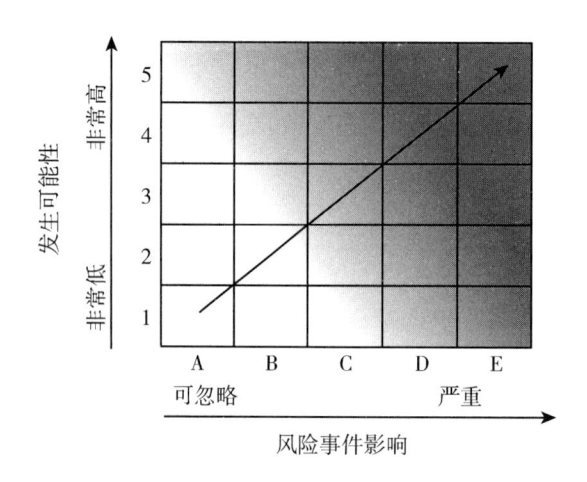

**图 5-4 风险矩阵图示例**

风险矩阵法一般步骤如下:

(1) 识别PPP项目的融资风险后,针对项目选择潜在的风险,并判断是否有未包含的风险,列出风险清单。

(2) 按照风险发生的可能性,判断已识别的某个融资风险的发生可能性的等级,各等级含义如表5-1所示。

(3) 评估(2)中融资风险发生时对项目的影响,并按照影响的严重程度将风险归集于5个等级,各等级含义如表5-2所示。

(4) 对每个潜在的融资风险重复(2)、(3)步骤,并将每个风险结果绘制在风险矩阵图中,直观地展示项目的融资风险综合水平。并根据具体风险项目所属的区域结合实际情况分析具体风险项的综合风险水平。综合考虑风险发生的水平与风险发生对项目产生的影响,风险矩阵中将风险项的综合风险水平分成五个等级,其中,红色表示高可能性高影响的风险,绿色表示低可能性低影响的风险,由此决策者可以直观地看到各风险的综合水平,便于之后制订风险应对计划。

表5-1 风险发生可能性等级说明

| 可能性等级 | 概率水平 | 说　　明 |
| --- | --- | --- |
| NA | 0 | 不适用于参与评估的项目 |
| 1 | <10% | 可能性非常低且只发生在异常状况下 |
| 2 | 10%~35% | 可能性低且在大多数情况下不太可能发生 |
| 3 | 35%~65% | 可能性中等且在大多数情况下会发生 |
| 4 | 65%~90% | 可能性高且很可能会在大多数情况下发生 |
| 5 | >90% | 可能性非常高且预计基本确认会发生 |

表5-2 风险影响等级说明

| 影响等级 | 等级描述 | 说　　明 |
| --- | --- | --- |
| A | 极小 | 例行程序足以处理相应后果 |
| B | 较小 | 常规的控制及监控措施即可应对 |
| C | 中等 | 需要通过监控的情况及在项目里程碑中进行再评估以鉴别和控制所有影响因素 |
| D | 重大 | 会大大延缓项目进度或显著影响技术性能及项目成本,需要针对性的计划进行处理 |
| E | 极大 | 很可能阻止实现预期目标,造成无法接受的成本超支,工期拖延或者项目失败 |

风险矩阵方法操作简便，易于操作，节约人力、物力、财力，评估结果直观易懂，有助于管理者快速决策，其不足之处主要体现在以下几点：

①实际操作中，很难精确定义风险的风险等级，同一风险在不同情境下发生的概率不尽相同，而且同一风险的风险等级归类结果也因人而异。

②这种方法相当不精确，因为风险类别、风险发生的可能性以及风险发生的影响的处理描述都十分粗糙。

③很难将风险评估结果与可行的风险应对措施对应起来。

**2. 经验判断法**

经验判断法主要以融资风险预测人员过去的经验为基础，对项目的融资风险作出主观评判。一般情况下，预测人员对各项融资风险会有一个基于过去经验的认知，再结合对项目相关各方的了解，就可以大体上判断各风险在具体 PPP 项目中发生的可能性大小的关系。经验判断法评估流程如图 5-5 所示。

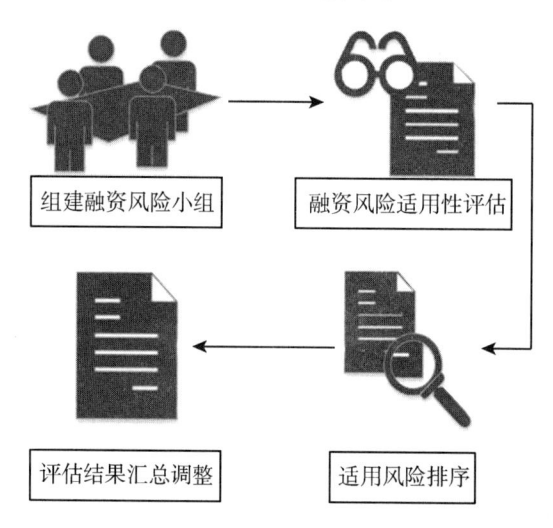

**图 5-5　经验判断法评估流程**

（1）成立融资风险预测小组。由若干熟悉 PPP 项目的人员组成融资风险预测小组，为预测小组成员提供项目资料，每个小组成员需全面了解 PPP 项目的融资结构、资金来源、SPV 公司股权结构等项目融资基本情况。

（2）融资风险适用性评估。根据预测要求，各小组成员基于以往项目经验，判断已识别的融资风险是否适合具体 PPP 项目，并补充具体项目的针对性风险。组织者根据小组成员意见，形成融资风险评价清单。

（3）适用风险排序。基于 PPP 项目实际情况，小组成员凭借个人经验和分析判断能力对各项风险进行排序，并记录针对具体各项风险的分析理由。

（4）评估结果汇总调整。在小组成员各自的预测排序基础上，讨论各项风险的重要性程度并陈述各自意见，对风险排序进行汇总、调整，形成 PPP 项目的融资风险最终排序，供决策者做出决策，同时为定量评估提供依据。

经验判断法主要评估PPP项目的融资风险重要性程度，凭借评测小组成员的个人经验及分析能力，具有较大的灵活性，节约时间及成本，能够充分发挥人的主观能动性。但经验判断法主观性强，易受评测人员知识、经验和能力大小的限制。所以在组建融资风险评价小组时，应根据一定原则选取评测人员，比如：对PPP项目十分熟悉，具有从事类似项目的经验；从事财务、金融方面的岗位；对经济状况反应敏感等。

### 3. 德尔菲法

德尔菲法也称专家打分法，是一种最为常用的、最简单的、易于应用的分析方法。德尔菲法在PPP项目的融资风险评估中的应用主要有以下步骤[①]：

（1）成立融资风险评测专家组。邀请财务、金融、项目管理领域的专家组建专家组，为专家提供全面详尽的项目资料，以供专家参考。

（2）融资风险的适用性评价。在全面了解项目信息的前提下，专家对各项融资风险进行适用性评价，并识别是否存在未包含在内的融资风险，确定融资风险因素的最终清单。

（3）确定每个风险因素的权重。由专家组讨论判断各项融资风险对项目实施的重要程度，为每项融资风险赋予权重。

（4）确定每个风险因素的等级值。按可能性很大、比较大、中等、比较小、很小五个等级，分别以1.0、0.8、0.6、0.4、0.2打分。

（5）计算各风险因素的风险度。计算各风险因素的权重与等级值的乘积（即风险度），然后将各风险度加总得到专家对项目的融资风险的评估值，评估值越大，表明项目的融资风险越高。将评估值按照表5-3的标准确定融资风险的水平，专家评估值集中的水平即为项目的融资风险水平。

表5-3　　　　　　　　融资风险评估值与风险水平对应关系

| 评估值区间 | 0~0.2 | 0.2~0.4 | 0.4~0.6 | 0.6~0.8 | 0.8~1 |
| --- | --- | --- | --- | --- | --- |
| 风险水平 | 非常低 | 比较低 | 中等 | 比较高 | 非常高 |

为了进一步规范这种方法，也可以根据特定的标准对专家评分的权威性确定权重，计算项目的融资综合风险水平。这些标准包括：①拥有PPP项目实施经验，尤其是拥有PPP项目财务、金融方面的工作经验；②知识领域（单一性学科或综合性学科）；③对PPP项目的了解程度。此外，还可根据PPP项目组织者的需求合理确定专家评分的权重。项目最终的综合风险度值为：每位专家评定的风险度乘以各自评分权威性的权重，所得之积合计后再除以全部专家评分权威性权重的和。

德尔菲法适用于PPP项目的融资决策的前期，这个时期往往缺乏项目具体的数据资料，主要依据专家的经验和决策者的意向，得出的结论也只是融资风险大致的程度值，所以只能作为投资决策的基本依据以及进一步分析的基础。

---

① 刘光富，陈晓莉. 基于德尔菲法与层次分析法的项目风险评估[J]. 项目管理技术，2008（1）：23-26.

## (三) 定量评估

定量评估是在定性分析的基础上，在其有效的数据和分析之上通过采用数值估计的方法，评估风险的价值以及发生的概率。[①]

### 1. 敏感性分析法

敏感性分析是首先找出影响最终指标的融资风险变量，在保持其他风险变量不变的情况下，分析其中一个或多个风险变量变化一定范围对最终评价指标影响的程度，判断各个风险变量变化对最终融资的影响大小，从而确定对结果影响比较大的因素，给予重点分析。

敏感性分析的一般思路如下：定义评价集和因素集→构造风险评价模型→敏感性分析。

（1）定义评价集和因素集。首先构造相应的风险因素指标集和风险评价指标集。风险因素指标集 X 是 PPP 融资各主要参与人面临的风险因素组合；评价指标集 Y 是各主要参与人选择的经济评价指标组合。同时定义：

风险评价指标集 $Y = \{y_j | j = 1, 2, \cdots, n\}$；其中 n 为所选择的评价指标个数。

风险因素指标集 $X = \{x_i | i = 1, 2, \cdots, m\}$；其中 m 为所选择的因素指标个数。

（2）构造风险评价模型。根据风险评价指标集 Y 中的每一元素 $y_j$ 与风险因素指标集中的各个元素 $x_i$ 的关系构造风险评价模型：

$$y_j = f_j(x_1, x_2, x_3, \cdots, x_m)$$

结合识别出的融资风险，以 PPP 项目的净现值 NPV 为例，根据一般的经验和常识，选择汇率值、通货膨胀率、金融机构信用评级等作为不确定因素。项目的 NPV 可以看成是受各不确定因素作用的一个多元函数，分析各风险因素对各不确定性因素的影响，最终确定风险因素指标 $x_i$ 与风险评价指标 $y_j$ 的关系。

（3）敏感性分析。敏感性分析即分析"因素集"X 中元素变动对"评价集"中的元素产生的影响，测定出受影响程度的大小（即敏感度）以及临界点，通过 Excel 即可实现该分析。

### 2. 基于模糊数学评价方法

模糊数学采用模糊综合评价的方法测定融资风险，通过综合主要影响因素确定各项融资风险大小的隶属程度，用风险评定集上的一个模糊子集来进行表达。该方法构建在风险因素递阶层次结构基础上，综合专家经验，将定性问题定量化，可以比较全面和确切地反映对于项目风险的评判信息，并对项目"感觉性风险"的模糊属性进行表达。基于模糊数学的各种方法主要是利用隶属度及模糊推理的概念对风险事件进行

---

[①] 元如林. 金融风险定量模型及其应用 [J]. 上海金融学院学报，2005（2）：18-21.

排序，以改进的模糊综合评价法为基础，由 AHP 法确定各指标的相对权重，运用定性和定量相结合、专家评价和科学计算互为补充的系统分析方法，给出定量的评价结果。构建项目风险递阶层次，邀请专家分析各层次内每项因素在风险形成中的作用和影响，并按 AHP 方法打分确定每一个风险因素的权重。[①]

### 3. 蒙特卡洛模拟方法

蒙特卡洛模拟技术是一种依据统计理论，利用计算机来研究融资风险发生概率或风险损失数值的计算方法。根据蒙特卡洛模拟方法的原理，其评估融资风险影响主要包括下列步骤（见图 5-6）：

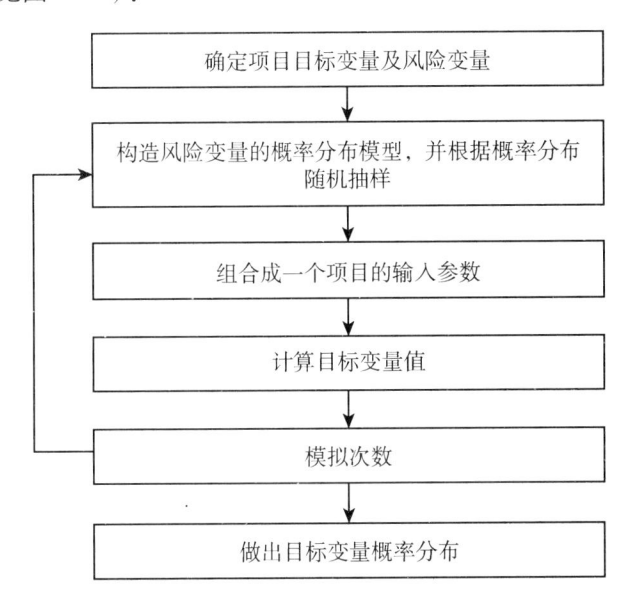

```
确定项目目标变量及风险变量
        ↓
构造风险变量的概率分布模型，并根据概率分布
随机抽样
        ↓
组合成一个项目的输入参数
        ↓
计算目标变量值
        ↓
模拟次数
        ↓
做出目标变量概率分布
```

**图 5-6 蒙特卡洛模拟方法流程**

（1）根据实际项目，确定分析项目的融资目标和影响目标变量的风险变量，构造模拟的数学模型 g（$X_1$，$X_2$，…，$X_i$，…，$X_n$）。

（2）对第一步建立的数学模型中的风险变量 $X_i$ 进行风险识别和分析，收集风险因素的相关数据，对其进行加工分析。

（3）在第二步进行的风险分析基础上对各风险变量进行风险结果及相对应的概率分布进行分析，确定风险因素的分布函数及其参数，并做统计检验。

（4）根据风险分析的精度要求，确定模拟次数 N 及产生随机数，并根据随机数在各参数变量的概率分布中随机取一值 $x_i$。将各参数变量的取值 $x_i$ 代入第一步建立的数学模型，求得项目目标变量的一个具体值 $g_i$，即得到一个随机事件的样本值。

（5）重复第四步的试验操作，可得出多个目标变量值，形成对目标评估的分布。

---

[①] Xu Y., Yeung J. F. Y., Chan A. P. C., et al. Developing a risk assessment model for PPP projects in China—A fuzzy synthetic evaluation approach [J]. Automation in Construction, 2010, 19 (7): 929–943.

一般来说,重复的试验次数越多,目标值的分布越接近实际情况。

(6) 对得到的样本值进行统计分析,得到分布曲线,并检验其概率分布,估计其均值和标准差,分析模拟结果,进而得出具体的目标变量风险值。

蒙特卡洛模拟技术能够通过多次试验对风险发生概率得到满意的精度,这是风险定量分析中其他方法无可比拟的优点。不过对于不能确定风险变量的概率分布或确定分布的成本不合算而不适合使用蒙特卡洛技术来量化分析的风险,则需要其他方法的配合。

**4. 决策树法**

决策树法是指利用图解的形式,将风险因素层层分解,绘制成树状图,逐项计算其概率和期望值,进行风险评估和方案的比较和选择。一棵简单的决策树包括决策节点、状态节点和结果节点。决策节点与状态节点之间为方案分支,状态节点引出的分支为状态分支,决策节点上标注最终方案的收益期望值,方案分支标注方案名称,状态节点标注某个行动方案收益期望值,状态分支标注状态名称和概率,结果节点标注收益值。一般会求出目标变量在所有风险因素所有概率组合下的期望值,再画出概率分布图,因此计算量与风险因素和变化的数量呈指数关系,并且需要有足够的有效数据做支撑。

## (四) 半定性半定量分析

为了克服一些定性风险分析的缺点,也可采用半定量分析法。这需要将是定性的风险中预定义的值进行概率分析,以更精细和精确地估计风险,从而将结果用于后续调整方案。[①]

在半定性半定量分析中,需要注意:

在实践的意义上,它更有用,而且为理解提供了有用的依据,在不同事件间比较风险水平,也导致更少的粗略分类的风险(不只是高、中、低三个层次出发)。

尽管如此,表示各种风险发生概率和后果导致程度的数字通常没有意义(特别是在后果),更重要的是要理解其中的含义以及两者间的相关性。

同时,对于这种从主观方面得出的估计值,并不意味着同样的风险值所代表的事件是相同的风险水平。

## 四、PPP 项目的融资风险分担

### (一) 融资风险分担主体分析

PPP 项目过程一般包括准备阶段、招投标阶段、合同组织阶段、融资阶段、建造

---

① Funtowicz S. O., Ravetz J. R. Three types of risk assessment and the emergence of post-normal science [J]. Social Theories of Risk, 1992, 25 (3): 285-301.

阶段、经营和移交阶段。在项目的全生命周期涉及的参与方有政府、私人投资者、SPV公司、债权人、最终用户、保险公司以及承包商、供应商、运营商等。各参与方结构如图5-7所示。①

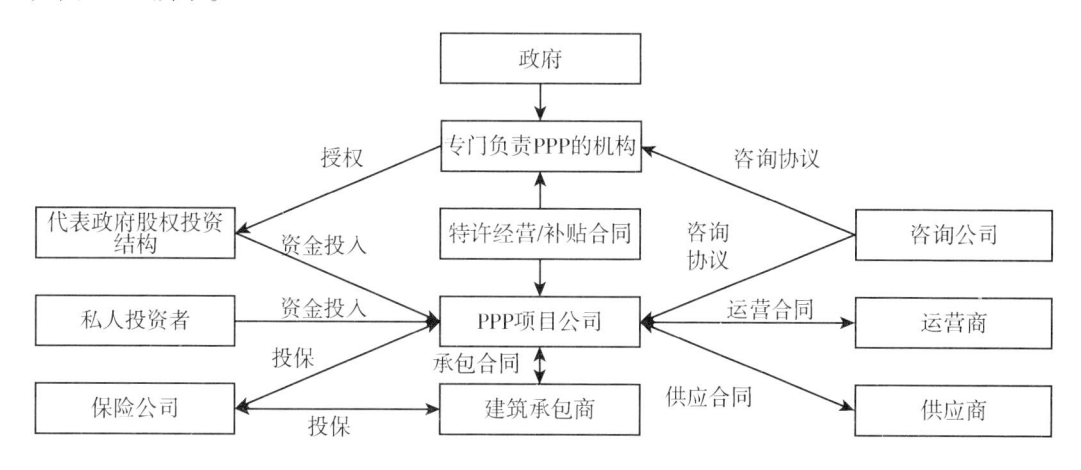

图 5-7　PPP 项目典型参与方结构

从 PPP 项目的融资风险分担主体角度分析认为，可将政府和社会资本（私人投资者、金融机构、咨询公司等）作为 PPP 项目的融资风险的主要承担者。因此，以下主要从政府和社会资本在 PPP 项目的融资过程中承担的角色、担当的责任以及相关利益关系等方面进行分析。

**1. 政府**

政府通常是 PPP 项目的主要发起人，往往也会在项目的融资阶段给予项目一定数额的项目资本金或者贷款担保作为项目建设、开发和融资安排的支持。作为决定 PPP 项目成功与否的关键角色，政府对于 PPP 的态度以及在 PPP 项目的融资与实施过程中给予的支持力度直接影响项目成败。②

**2. 社会资本**

社会资本也可以成为 PPP 项目的发起人，和代表政府方的出资机构合作成立 SPV 公司。通常，政府可采用公开招标、邀请招标、竞争性谈判、单一来源采购、询价等方式选择合适的社会资本参与到 PPP 项目中来。在典型的 PPP 模式中，社会资本一般是项目在融资过程中的主要执行者。他们通过项目的投融资活动和经营活动，获得投资收益，通过组织 PPP 项目的融资，实现投资项目的综合目标要求。

**3. 金融机构**

由于基础设施及公共服务类项目投资巨大，在 PPP 项目的整体资金构成中，来自

---

① 王雪青，喻刚，邴兴国. PPP 项目融资模式风险分担研究［J］. 软科学，2008，21（6）：39-42.
② 伍迪，王守清. PPP 模式在中国的研究发展与趋势［J］. 工程管理学报，2014（6）：75-80.

民间资本和政府的直接投资所占比例通常较小,而大部分资金主要还是来源于金融机构。可以说金融机构为 PPP 项目的顺利实施提供了最重要的资金支持和信用保证。向 PPP 模式提供贷款的金融机构主要有国际金融机构、商业银行、信托投资机构等。

### 4. 其他社会主体

在整个融资服务链条中,除了以上参与方外还会涉及各类与融资服务相关的其他社会主体,如评估公司、担保公司、抵质押登记机构、会计师事务所、律师事务所、咨询公司、发债评级机构、登记托管清算机构等。

## (二) 影响融资风险分担的因素

影响 PPP 项目的融资风险分配的因素是多方面的,总的来说,可以归纳为 4 个方面[①]:

### 1. PPP 项目的融资模式本身的特点

由于 PPP 项目投资大、时间长、合同关系复杂等,使政府和社会资本对融资风险均持非常谨慎的态度。

### 2. 政府和社会资本对 PPP 融资模式的理解误区

除为了盘活民间资本、有效控制政府部门风险、提高公共设施提供服务效率等原因外,政府采用 PPP 模式的主要动机是利用社会资本资金、管理和技术优势来协助解决政府财政预算不足以及目前我国基础设施短缺、公共服务缺位等问题,通过社会资本的介入提高项目效率并为社会带来其他经济效益。但政府也需要认识到,采用 PPP 模式并非是将项目中存在的所有融资风险都转移给社会资本。风险与收益存在很强的相关性,转移给社会资本的融资风险越大,社会资本所要求的收益回报也会越高。

对社会资本而言,开放投资的基础设施和公共服务领域是全新的,参与到其中不仅仅是为了获取利润、促进企业发展,还应该意识到基础设施和公共服务领域的公益性,这就要求企业需要不断提升自己的社会责任感。

### 3. 政府和社会资本承担融资风险的意愿

政府和社会资本承担融资风险的意愿将直接影响谈判的进程,有关因素主要包括:

(1) 对融资风险的一般态度,即对融资风险的态度是厌恶还是偏好,这取决于决策者的主观意识和性格等;

(2) 对融资风险的认识深度,如果一方对风险的诱因、发生概率、发生后的后果以及可采取的措施有足够的认识,则可能乐意承担较多的风险;

(3) 融资风险发生时承担后果的能力,这主要取决于各方的经济实力等;

---

① 刘新平,王守清. 试论 PPP 项目的风险分配原则和框架 [J]. 建筑经济,2006 (2):59-63.

(4) 管理融资风险的能力，这取决于各方管理风险的经验、技术、人才和资源等。

**4. 缺乏标准的程序和合同文件**

由于各国、各地区 PPP 模式项目的融资应用情况各不相同，尚没有一套能够为各方都接受的程序和合同文件，双方在融资谈判时无章可循，一切只能按照各自对项目的理解进行谈判，因此大大延长了谈判的时间。

## （三）融资风险分担原则和框架

按照行业经验和学术界的相关研究，在设计融资风险分担方案时，一般应遵循以下准则[①]：

**1. 由对融资风险最有控制力的一方承担相应的风险**

最有控制力意味着该参与方处在优势地位，可以减少融资时各类风险发生的概率及损失程度，从而保证了该参与方用于控制融资风险的成本是最小的，并且由于融资风险在某一方的控制力之内，该参与方便有一定的动力和责任为管理融资风险而付出努力。

**2. 融资风险收益对等原则**

融资风险收益对等原则是以"权责利"对等为指导思想，它具体指某一参与方有义务承担风险损失的同时，也应该拥有风险变化带来的收益，并且要满足承担的风险程度与所得回报相匹配。

**3. 各方承担的融资风险要有上限**

对于双方都不具有控制力的融资风险，分配时则应综合考虑融资风险发生的可能性、政府自留融资风险时的成本、政府减少融资风险发生后所导致的损失和社会资本承担风险的意愿。如果要社会资本承担此融资风险，则政府应该给社会资本一定的补偿，但社会资本要求的补偿必须合理，能为政府所接受。事实上，让社会资本承担其无法承受的融资风险，一旦融资风险发生时又缺乏控制能力，必然会降低提供公共设施或服务的效率和增加控制风险的总成本（包括政府的成本）。提高公共设施或服务的效率（简称效率）和控制融资风险的总成本（简称总成本）与融资风险分配的关系如图 5-8 所示。可以看出，三者不是简单的正相关或负相关的关系，只有达到最优风险分配时，才能达到效率最高和总成本最低。

综上，对于 PPP 项目的融资风险的分担，不能从项目利益相关者的某一方的角度出发，需从项目的整体利益为出发点来考虑。在上述分配原则的基础上，人们又提出融资协议中的风险分配机制的设计思路，具体内容参见图 5-9。

---

① 邓小鹏，李启明，汪文雄等. PPP 模式风险分担原则综述及运用 [J]. 建筑经济，2008 (9)：32-35.

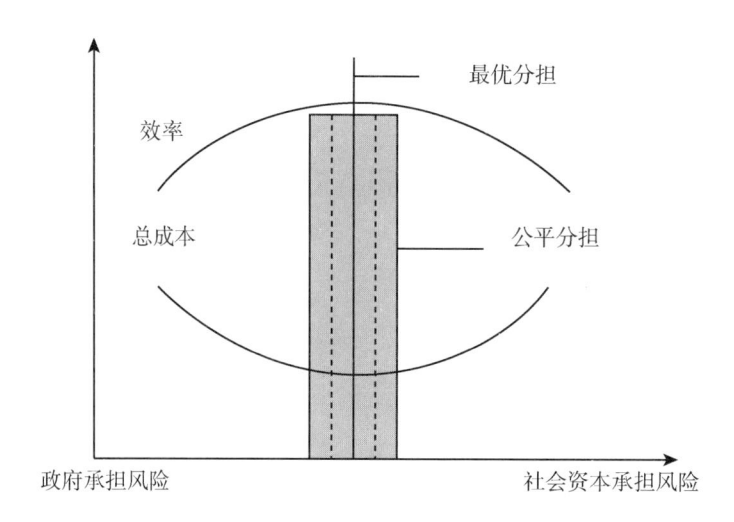

图 5-8 融资风险分担与总成本和效率的关系

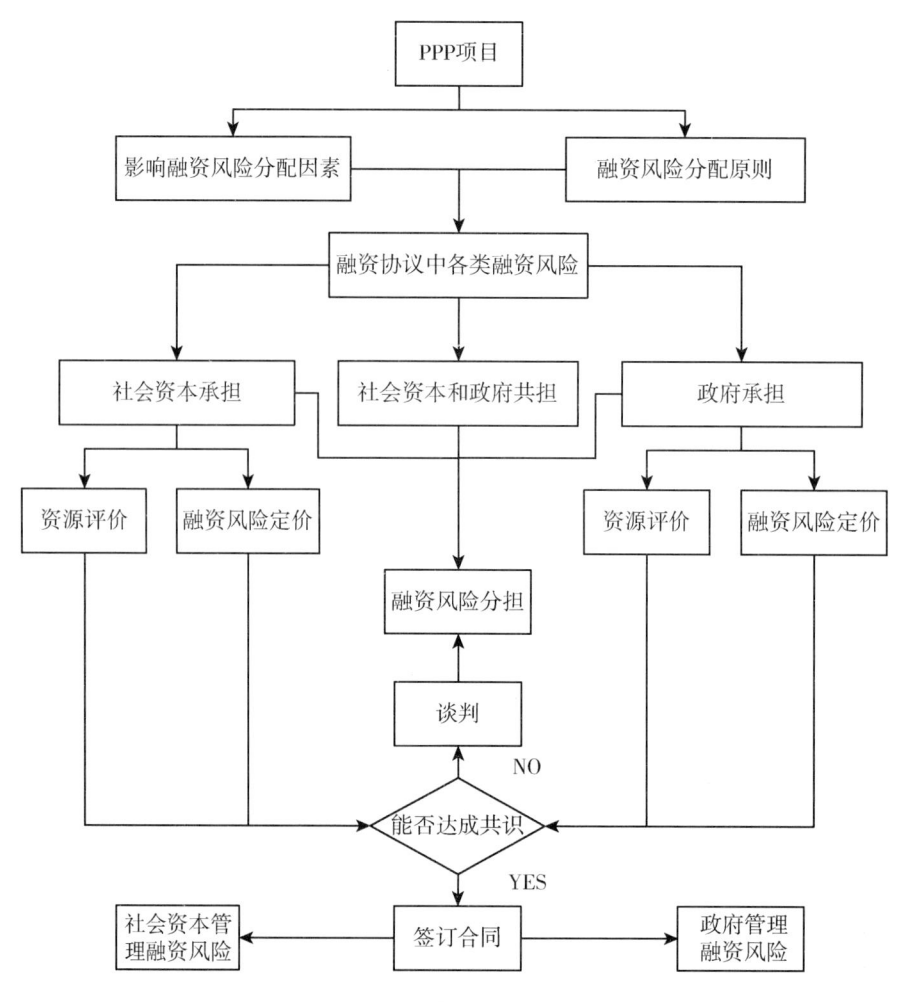

图 5-9 融资风险分担机制

资料来源：安丽苑. 基于 PPP 项目的风险分担机制研究综述 [J]. 基建优化, 2008 (5)：10-12.

## （四）融资风险分担建议方案

由于在不同进展阶段，PPP项目所面临的融资风险存在较大差异，根据融资风险分配原则及分担机制，再结合已有相关研究，我们可以进一步分析总结得出适合PPP项目的政府和社会资本间的融资风险分担框架（见图5-10）。

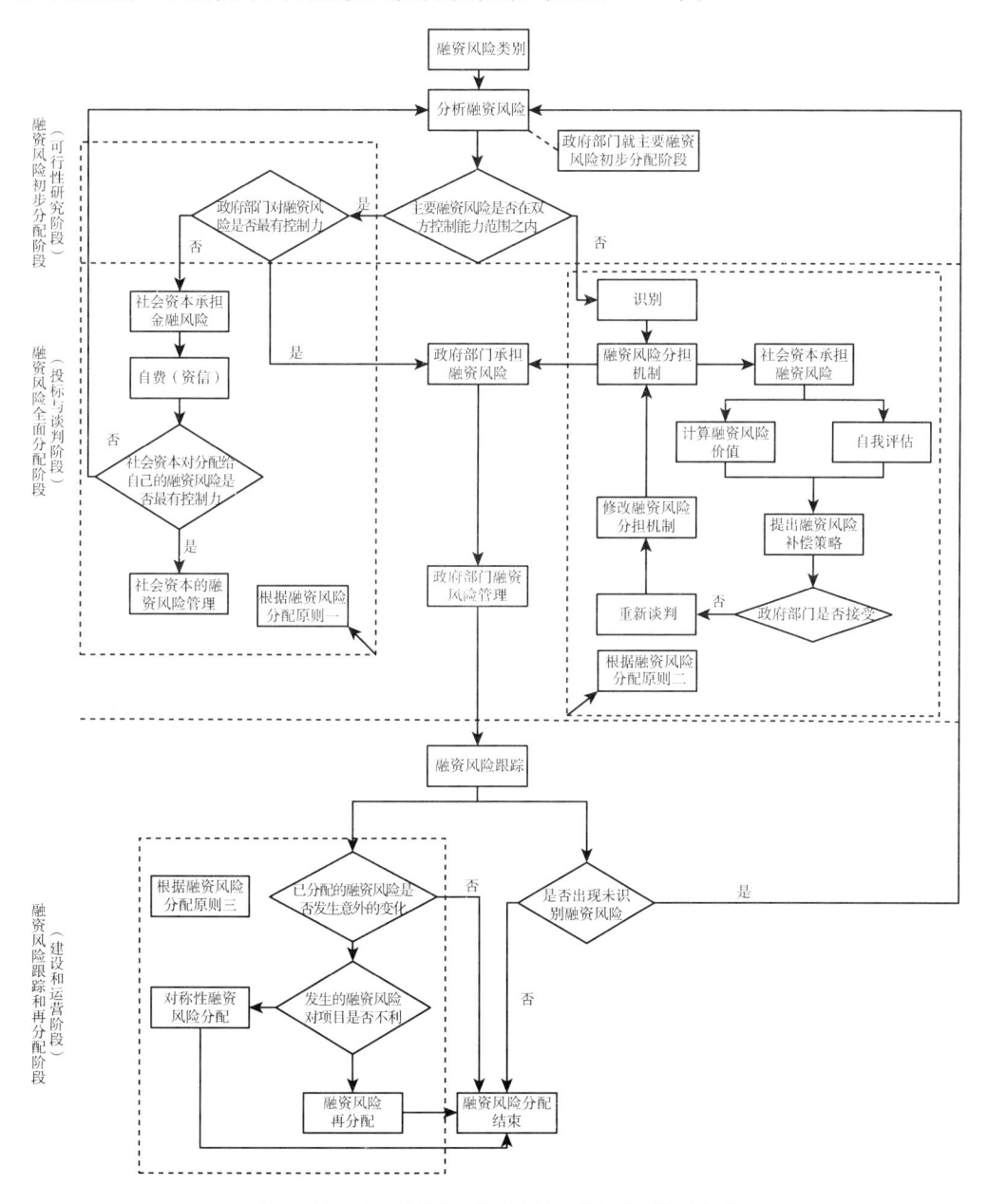

图5-10 PPP项目各阶段融资风险分担框架

结合融资风险分担框架，政府和社会资本即可就识别出的各类融资风险进行合理分配。[①]

**1. 资金可获得性风险**

结合PPP项目的融资特点和行业经验，资金可获得性风险往往发生在项目准备以及再融资阶段，一般由社会资本来承担，因为社会资本在商业性项目的融资技巧上比政府更有经验，也更为熟悉金融市场的运作规律。

**2. 金融机构信用风险**

PPP项目离不开金融机构的融资支持，金融机构的参与对项目的成败具有举足轻重的作用。金融机构信用风险按照行业一般经验应由社会资本承担，但在融资过程中，政府可能牵头寻得金融机构资金支持，政府的参与力度和承担意愿也会影响此风险的承担。

**3. 汇率风险**

PPP融资项目中的建设阶段和运营阶段都可能存在汇率风险。对于汇率风险，在英法海底隧道、中国香港东区海底隧道、日本跨东京湾高速公路、澳洲雪梨过港隧道、泰国曼谷第二高速公路、中国台湾南北高速铁路等PPP项目中，政府对此都不作任何担保。但对于马来西亚高速公路，政府承诺当汇率下跌超过15%时，由政府补贴损失。成都某水厂BOT项目，政府也承担了一定汇率风险，如果人民币与美元汇率波动超过5%，则市政府保证相应调高或调低浮动运营水价，以弥补外方因汇率波动导致的损失，此外国家外汇管理局还出具了支持函。

由此可见，该风险一般由社会资本承担，但政府以补贴、担保等方式予以适当分担。

**4. 利率风险**

在PPP项目的融资过程中由于利率的变动可能带来项目价值损失或收益的不确定性。在一些PPP项目中，利率风险完全由社会资本承担，如英法海底隧道、澳洲雪梨过港隧道、中国台湾南北高速铁路。因为社会资本可以通过相应的金融工具来规避利率风险，比政府更有控制力。

但也有一些PPP项目则规定了社会资本所承担的利率风险上限，如马来西亚高速公路项目中，当利率上升超过20%时，可由偿债本金中扣除超支利息。中国香港东区海底隧道采用利率上限选择权来规避利率风险。在中国台湾的一些垃圾委托焚化处理契约中，对于利率变动所造成的利息支出增加，政府在一定百分比范围内予以补贴。因此，可以说利率风险主要由私营机构来承担，但其承担有一定的限度，超过此限度

---

① 安丽苑. PPP项目的多参与方风险分担研究［J］. 湖南医科大学学报（社会科学版），2009，11（6）：79-81.

则由政府以补贴、保证等方式予以分担。[①]

**5. 通货膨胀风险**

在 PPP 项目实施过程中，通货膨胀带来的直接影响是项目运行原材料和设备涨价、劳动力涨价导致项目建设运营成本支出增加、收费困难等，进而影响项目发起人收益。通货膨胀风险主要由社会资本承担，但是政府对于通胀风险是有经验、资源和优势去管理与控制的，所以此类风险一般由社会资本和政府共同承担。

**6. 流动性风险**

流动性风险是指项目虽然有清偿能力，但无法及时获得充足资金或无法以合理成本及时获得充足资金以应对资产增长或支付到期债务的风险。流动性风险如不能有效控制，将有可能损害项目的清偿能力。

流动性风险存在于项目全生命周期（如图 5-11 所示），但主要发生在运营期，主要是因为运营主体经营管理不佳或者随着社会经济和文化的改变而影响原有业务模式的需求而导致。社会资本的经营管理能力是影响此风险发生的关键所在，所以流动性主要由社会资本承担。但不排除由于当地政府不守信，如运营补贴未及时发放到位导致收益不足产生流动性风险，金融机构在为项目融资时可要求由政府或融资担保机构提供担保，由政府部门和融资担保机构分担部分流动性风险。[②]

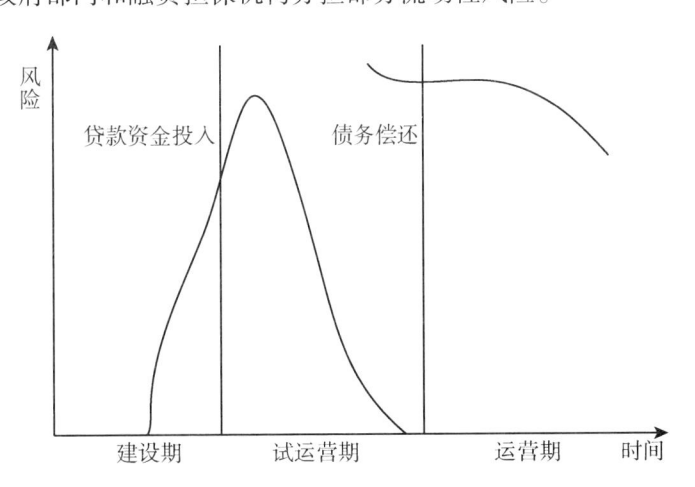

**图 5-11　PPP 项目流动性风险发生阶段**

**7. 金融监管风险**

银行、保险等金融机构一般仅以资金方或财务投资者的身份参与 PPP 项目，对

---

① Lanska D. A public/private partnership in the quest for quality: development of cerebrovascular disease practice guidelines and review criteria. [J]. American journal of medical quality, 1995, 10 (2): 100–106.

② Niccolo' Faltinelli. The Evolution of Infrastructure Financing in Europe: An Empirical Study on Public – Private Partnership [D]. 复旦大学, 2013.

PPP 项目的建设、管理、运营等并不擅长,金融机构只关心投资者如期还本付息和其他合同的履行,只监管资金投入和项目收益的使用。金融机构监管过多,会干预到项目资金的优化使用,对项目收益产生影响。此种风险发生比较偶然,一般由社会资本承担。

**8. 再融资风险**

PPP 项目在运营期间,为了保证项目正常运行或项目需要重新改建或提高盈利效率、调整资金成本等需要进行再融资。在此过程中,可能由于利率上涨,资金流动性不足或者项目本身运营不善导致项目无法顺利完成再融资任务。此类风险的发生主要是与社会资本对 SPV 公司的运营管理水平相关,所以再融资风险一般由社会资本承担。

综上,融资风险合理分担是 PPP 模式融资风险管理的重要核心。根据风险分担的原则和行业经验,我们归纳了一般情况下 PPP 项目的融资风险分担结果,如表 5-4 所示。

表 5-4　　　　　　　　PPP 项目的融资风险分担建议方案

|  | 风险代号 | 风险类别 | 发生阶段 | 政府承担 | 社会承担 |
| --- | --- | --- | --- | --- | --- |
| 金融风险 | F1 | 资金可获得性风险 | 全生命周期 |  | √ |
|  | F2 | 金融机构信用风险 | 全生命周期 |  | √ |
|  | F3 | 汇率风险 | 全生命周期 | √ | √ |
|  | F4 | 利率风险 | 全生命周期 | √ | √ |
|  | F5 | 通货膨胀风险 | 全生命周期 | √ |  |
|  | F6 | 流动性风险 | 运营期 |  | √ |
|  | F7 | 金融机构监管风险 | 运营期 |  | √ |
|  | F8 | 再融资风险 | 运营期 |  | √ |

### (五) 融资风险分担调整机制

由于不同项目的特殊性,一般情况下的风险分担偏好与实际项目风险分担是存在差异的,在实际操作中,前述的融资风险分担建议不一定完全适合所有 PPP 项目,因此需要根据实际风险分担影响因素来调整风险分担框架,建立良好的风险分担调整机制,如图 5-12 所示。

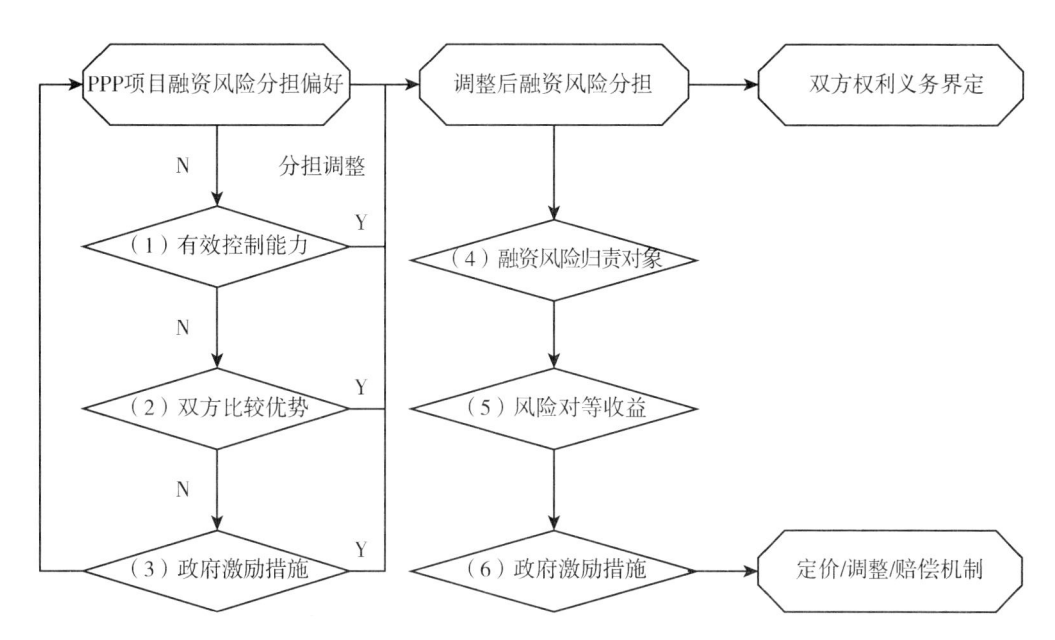

图 5-12　PPP 项目的融资风险调整机制

## 五、PPP 项目的融资风险应对

传统的风险应对方式主要有风险规避、风险自留、风险控制和风险转移四种。结合 PPP 项目的融资特点，以及前期识别出的融资过程中出现的各类融资风险，我们提出了各自的应对措施（见表 5-5）。

表 5-5　八种融资风险应对措施

| 风险类型 | 应对措施 |
| --- | --- |
| 资金可获得性风险 | 1. 优化项目本身方案 |
|  | 2. 预防政府影响及政策改变 |
|  | 3. 控制作假与腐败 |
| 金融机构信用风险 | 1. 利用银行信用评价等级 |
|  | 2. 获得政府支持 |
|  | 3. 寻求法律保障 |

续表

| 风险类型 | 应对措施 |
| --- | --- |
| 汇率风险 | 1. 投资和收入流动性的选择 |
| | 2. 货币的选择 |
| | 3. 利用金融衍生工具 |
| | 4. 合同中规定外汇保值条款 |
| | 5. 外汇风险均担法 |
| | 6. 与东道国政府谈判取得保证 |
| 利率风险 | 1. 固定利率贷款 |
| | 2. 利率交换 |
| | 3. 利率期货套期保值 |
| | 4. 利率期权交易 |
| | 5. 利率封顶和其他工具 |
| 通货膨胀风险 | 1. 灵活的调价机制 |
| | 2. 估算通货膨胀率 |
| | 3. 补偿机制 |
| | 4. 增加收费或延长特许经营期 |
| 流动性风险 | 1. 政府和金融机构担保 |
| | 2. 建立资金流动性风险预警模型 |
| | 3. 安排流动性支持者 |
| 金融机构监管风险 | 1. 平衡债资比 |
| | 2. 选择经验丰富的建设、运营、维护承包商 |
| | 3. 避免直接介入条款发生 |
| | 4. 限制监管权力的合同条款 |
| 再融资风险 | 1. 运用相关金融工具 |
| | 2. 保持项目良好状况 |
| | 3. 政策调整 |
| | 4. 选择适当的融资及再融资方式 |

资料来源：Bing L., Akintoye A., Edwards P. J., et al. The allocation of risk in PPP/PFI construction projects in the UK [J]. International Journal of project management, 2005, 23 (1): 25 – 35.

## （一）资金可获得性风险

PPP 项目建设或运营过程中出现资金的中断，会造成项目无法获得足够贷款，进而导致项目延误或停止的可能性。[①] 主要从以下几个方面降低资金可获得性风险：

**1. 优化项目本身方案**

在项目发起阶段可与各个金融机构进行沟通，为项目准备多个资金候选方，若遇到资金不足，可选择备选融资方案。

**2. 预防政府影响及政策改变**

可以通过获得政府担保、投保政治险以及设置相关合同条款来预防政府政策变化造成项目资金流中断的情况。

**3. 控制作假与腐败**

作假与腐败很可能会造成PPP项目在建设和运营过程中出现实际资金跟不上项目运营所需问题，社会资本可与政府部门签署协议来预防腐败，聘请独立的会计团队监控项目资金流，且对那些可能和腐败官员打交道的管理人员及关键人物进行文化和商务知识的训练。

## （二）金融机构信用风险

金融机构与PPP模式融资密不可分，一旦金融机构失信或违约将对项目出现致命打击。而在提供资金来源的金融机构中，商业银行是PPP项目最重要的资金提供方，且银行贷款是公司融资与项目融资最基本和最简单的债务资金形式。降低银行等金融机构信用造成的风险主要有：

**1. 利用银行等金融机构信用评价等级**

银行信用评级是对一家银行当前偿付其金融债务的总体金融能力的评价，可根据权威机构对银行信用评价等级，选择信用好的合作银行。

**2. 获得政府支持**

由于银行业在社会经济运行中的特殊地位，一般而言，银行所拥有的政府支持力度与其信用级别呈正相关关系。因此，可以通过与政府建立良好关系来约束金融机构信用风险，如争取政府参股、与政府代理人或国有企业建立风险联盟等。

**3. 寻求法律保障**

在法律层面，明确协议中借贷双方权责利，以及银行监管权的界限，并对其违约做出明确规定。同时，还应与银行监管部门建立良好的关系。

---

[①] 杨超林，邵朝光. 中小银行发展与中小企业融资可获得性研究［J］. 金融经济（理论版），2015（8）：19–21.

### (三) 汇率风险

PPP 项目的各融资参与方都十分关心汇率风险，特别是境外的项目发起方。因为汇率的变化将直接导致他们投资和收益的变化，如何规避汇率风险就显得非常重要。汇率风险通常包括三个方面[①]：东道国货币的自由兑换、经营收益的自由汇出以及汇率波动所造成的货币贬值问题。目前，汇率风险的防范主要有以下几种[②]：

#### 1. 投资和收入流动性的选择

国际金融市场瞬息万变，汇率波动频繁，时机对于规避汇率风险尤为重要，因此投资或收入的资金是否可自由兑换，以及兑换所需要的时间在进行投资时就必须慎重考虑。PPP 项目一般需要很大的资金并且建设期很长，作为东道国，为了吸引资金，通常都会提供优惠的条件。综合考虑时机和条件，选择合适的兑换时机显得尤为重要。

#### 2. 货币的选择

汇率的风险主要是两种货币比价的变化导致的投资和收入的变化。所以正确地选择货币也是规避汇率风险有效的方法之一。正确地选择货币最主要的是进行正确的预测。当预测东道国的货币将会升值时，就可以选择东道国的货币作为未来收入的货币，使收益从汇率的变化中增值。如果预测东道国货币将要贬值，则可以选择本国货币或者第三方硬通货，以达到规避汇率风险的效果。另外还可以采用货币组合的形式来确定未来的收入，使风险的损害达到最小。

#### 3. 利用金融衍生工具[③]

我国目前可采用的规避汇率风险的常用金融衍生工具有：远期外汇买卖和外汇期权交易。远期外汇交易就是境外项目发起方与银行签订一份远期外汇买卖合同，规定到一定的时间境外的项目发起方可以以一个固定的汇率向银行买卖外汇。外汇期权交易是指境外项目发起方以一定的价格买入以一定的固定汇率买入或卖出一定外汇的权利。当汇率朝有利于境外项目发起方变动时，执行该项权利；反之，则放弃该项权利。

#### 4. 合同中规定外汇保值条款

境外的项目发起方可以和东道国的项目发起方签订一个合同，把汇率固定下来，这样就把汇率风险转嫁到了东道国项目发起方的身上，可以很好地规避汇率的变化。

---

① 陈伟，王伟. 我国跨国公司汇率风险的计量与实证分析 [J]. 河南金融管理干部学院学报，2006，24 (3)：70-74.
② 张文进. 企业汇率风险的防范及应对策略 [J]. 现代商业，2009 (9)：85-86.
③ 盛刻索. 信用衍生产品在信用风险管理中的应用 [J]. 天津大学学报（社会科学版），2005，7 (5)：331-333.

但这样的合同能否签订，就要看双方的实力对比。

**5. 外汇风险均担法**

首先，双方洽谈商定一个基本汇率，然后定出一个中性地带，在中性地带内，双方各自承担外汇风险和利益。但是，一旦外汇汇率变化过大，超过了中性地带，则双方按一定百分比来分担风险。

**6. 与政府谈判取得保证**

社会资本可与政府谈判，尽量要求其能对税收优惠、价格管制、价格波动、外汇的兑换及汇出等做出书面承诺和保证，将有利于降低汇率风险。

### （四）利率风险

项目经营过程中，利率变动将直接或间接地造成项目价值降低或收益受到损失。作为资金的使用价格，利率的高低直接关系到项目成本的变化，能否有效地规避利率风险，对项目发起方的收益影响重大。[①] 一般防范利率风险的方法有以下几种：

**1. 固定利率贷款**

规避利率风险的最好办法是固定利率贷款，即以一个固定的利率和银行签订合同，不管以后市场的利率如何变化，贷款利息均以商定的利率执行。但这种方法也有缺点，那就是关系到名义利率与实际利率的问题。由于 PPP 项目建设经营时间长，相关国的国内通货膨胀可能有所变化，继而会导致实际汇率的变化，这样利率风险依然存在。因此，在采用固定利率贷款时要综合考虑各种因素，以达到防范利率风险的效果。

**2. 利率交换**

利率交换是融资中最常用的规避利率风险的方法。在利率交换协议下，一方把按浮动利率支付利息的义务交换成以固定利率支付利息的义务，另一方的做法正好相反。在 PPP 项目的融资中，需要按浮动利率支付贷款利息的 SPV 公司同意在浮动利率低于约定的固定利率时向银行（利率交换服务的供应方）支付两种利率之间的差额部分，当浮动利率高于固定利率时，SPV 公司也会得到利率交换服务供应方的差额补偿，这样就可以通过利率交换来降低双方的融资成本。

**3. 利率期货套期保值**

利率期货套期保值是在期货市场上，交易人采取与现货市场相反的交易部位，通过买进或卖出利率期货合约，来冲抵现货市场上现行资产或预期资产以确保其价格

---

① 康志勇，张莉. 利率衍生工具应对我国商业银行利率风险刍议 [J]. 金融纵横, 2009 (5)：11-14.

（利率或收益率）的买卖活动。采用这种方法一般不可避免全部的利率风险，但可以把利率风险降到最低限度。

### 4. 利率期权交易

利率期权是一项关于利率变化的权利。采用这种方法，在项目前期，由于项目还未带来任何现金流入，却要发生大量债务。因此，可采用利率期权交易保证项目有较低的利息负担。随着时间的推移，项目债务逐步减少，现金流量逐步增加，债务承受能力也不断增强，这时候利率在一定范围内可逐步增加。所以，一般通过逐步递增的利率上限来充分利用项目现金流量特点，最大限度地降低风险，提高项目投资收益率。

### 5. 利率封顶和其他工具

利率封顶是避免利率风险的短期解决方案。比如：如果建设期的浮动利率贷款需要在项目完工时按照固定利率贷款进行再融资，就可以使用利率封顶。这样做的好处是提供商不需要承担 SPV 公司的信用，因此可以从市场上的供应者那里得到利率封顶的安排。但不利之处是需要为此支付前端费用，并计入项目的开发成本。因此，这种方法很少用于长期的利率避险工具。

## （五）通货膨胀风险

通货膨胀在项目各时期都有可能发生，对购买力和项目投资回收等都有不利影响。因此对于政府和社会资本来讲，建立可行的机制来降低通货膨胀的风险十分重要。一般可采用如下方式来规避或减轻通货膨胀风险。[①]

### 1. 灵活的调价机制

在政府和社会资本间所签订的 PPP 协议中规定相应条款，将项目产品或服务的价格与项目所在地的通货膨胀率、当地货币和贷款货币的汇率等挂钩，采用包含通货膨胀率、汇率以及利率的调价公式，以此作为未来价格调整的依据。

在涉及长期购买协议时，可根据约定的价格调整条款（如通货膨胀指数）调整产品的价格。例如，规定 SPV 公司可以根据物价指数，提高收费标准，但调整的基础必须建立在严格核算的基础之上，并经政府批准方能生效。

### 2. 补偿机制

为防止通货膨胀率过高导致项目运营过程中遭受重大损失，社会资本应就与政府签订的合同条款中规定相应的补偿机制，具体的通货膨胀补偿标准应该按照之前双方核算并达成一致的标准来定。

---

[①] 张天顶，李洁. 全球流动性扩张的通货膨胀效应研究 [J]. 国际金融研究，2011（3）：18-28.

### 3. 增加收费或延长特许经营期

当通货膨胀率超出项目预估承受能力时,应当增加产品或服务的相应收费,或延长特许经营期,以此来保证项目现金流能足以保证债务偿还和投资回收。

## (六) 流动性风险

项目在运营过程中可能由于政府不守信,也可能因为运营主体管理不佳或项目所处的经济和社会环境变化而影响资金流动性,进而造成项目收益不足以偿还债务的本金和利息。[1] 目前主要可从以下三个方面来进行防范或减轻[2]:

### 1. 政府和金融机构担保

一般在PPP项目运营过程中,政府会承诺对项目进行一定补贴,但若政府不守信则会造成项目资金流动性出现问题。在PPP合同中明确支付的时间表和延期付款责任,且与政府签订补偿担保合同,可确保政府按时将项目补贴发放给社会资本。与金融机构签订相关协议,可防止出现项目中途撤资的情况。

### 2. 建立资金流动性风险预警模型

社会资本在项目运营过程中,可建立资金流动性风险预警模型,随时掌握项目的资金状况。运用风险应急费或其他担保来应对突发性资金链中断的情况。

### 3. 安排流动性支持者

社会资本还可对融资结构和融资成本进行分析,安排流动性支持者,以增强项目资金流动性。社会资本和政府合作方在PPP项目的融资开始之前,将金融机构按项目的合作意愿以及合作方对其态度来进行综合排序,再根据PPP项目的具体情况来安排各个金融机构进入的时期长短、资金多少以及作为流动性支持者的最佳选择。通过结构化分层,对优先级金融机构设定较短的期限,期限届满时再选择向流动性支持者转让份额实现退出,同时次级投资者须持有份额产品到期。

## (七) 金融机构监管风险

在PPP项目的融资过程中,金融机构会对项目资产处置、现金流、担保、项目营运等提出较为严格的规定,但也因此可能存在过度监管或滥用权力影响项目运行的可能性。目前,主要可以采取以下措施应对此类风险。

---

[1] 廖岷. 从全球金融危机看商业银行流动性风险管理的重要性 [J]. 西部金融, 2009 (1).
[2] 周良. 银行流动性风险监管理念的最新进展 [J]. 上海金融, 2009 (2): 42-45.

**1. 平衡债资比**

通过合理调节项目的资金结构，平衡债权和股权资金的比例关系，不仅可以减轻现金流扣除运营维护后用以支付债权人的负担，还可在一定程度上缓解金融机构对项目的监管压力。除金融机构外，资本金还可由主要的建设、运营、维护承包商提供，社会资本应尽量挖掘出这部分潜在的资本金投资者。

**2. 选择经验丰富的建设、运营、维护承包商**

金融机构对于社会资本选择的承包商要求较多，他们直接影响着整个项目的建设运营状况，因此金融机构往往对承包商的资质、经验、能否按时预算内完成项目等会进行一定的考虑，确保项目收益能偿还债务及获利。

**3. 避免直接介入条款发生**

社会资本或 SPV 公司应加强对项目运营的监控，专款专用，防止资金被挪用，并不断对可能或已经出现的风险进行及时防范应对。尽可能避免合同中直接介入协议或条款生效的情况发生，降低金融机构介入风险，防止出现重大事故或财务危机造成项目中止，确保项目保持良好的财务状况。

**4. 限制监管权力的合同条款**

社会资本或 SPV 公司可将项目具体情况与金融机构沟通，双方就项目的具体运营管理等方式达成一致意见，并签署相关协议，就金融机构的监管权力进行限制。

## （八）再融资风险

PPP 项目在运营期，为了保证项目正常运行或项目需要重新改建、降低融资成本或延长融资期限、有投资人退出项目的融资时都需要进行再融资。PPP 项目的再融资可能会提高项目的资产负债率，增大项目财务风险。同时一些再融资协议对融资条件、融资方式及利益分配方式做出了变更，会直接影响到政府部门利益，导致政府部门过多地承担了再融资造成的各种风险，管控再融资的风险，主要有以下方式。[①]

**1. 运用相关金融工具**

当投资人退出投资或短期融资到期时，需要进行长期融资，但此时可能面临着利率上涨，项目收益减少甚至不足以偿还债务等情况。可通过利用相关类型的金融工具，应对再融资过程长期利率上涨的情况。

---

① 岑健. 我国上市公司再融资采用优先股方式的探索 [J]. 新金融，2013（6）：41-44.

## 2. 保持项目良好状况

项目若在短期债务期结束之前,已经出现运营不佳等状况,会使得项目再融资难度增加。SPV 公司需要紧密关注项目运营状况,包括项目收益、项目产出、设备运营、市场行情等项目内外情况。

## 3. 政策调整

目前国内并没有 PPP 融资规范,社会资本和政府间也主要通过合同来对双方的权责利进行约束。但进行再融资时可能遭遇到债券市场资金流动性不足,导致再融资无法实现的情况,因此为了提高资金的流动性和利用率,政府可在加强监管的条件下,考虑适当放开一些适合 PPP 项目再融资的金融工具,如可转债、公司债等。

## 4. 选择适当的融资及再融资方式

目前主要的再融资方式分为债券融资、股权融资和资产融资,社会资本需根据项目的实际情况和经济环境选择合适的再融资方式。由于项目的初始融资会对项目再融资的规模、方式等产生极其重要的影响。因此,社会资本在进行项目初始融资时,就需要考虑好项目再融资的内容,选择便于再融资开展的初始融资方式,并与政府协商相关融资条款,为再融资创造有利条件。[①]

---

① 吴阿满. 工程项目融资风险分析及防范 [J]. 建筑知识:学术刊, 2013 (3): 249.

# 名 词 解 释

**1. PPP**

PPP（Public-Private Partnerships，PPP）即政府和社会资本合作模式，是公共产品和服务供给机制的重大创新，是指政府采取竞争性方式择优选择具有投资、运营管理能力的社会资本，双方按照平等协商原则订立合同，明确责权利关系，由社会资本提供公共产品和服务，并根据公共产品和服务的绩效取得付费，政府依据公共服务绩效评价结果向社会资本支付相应对价。

**2. PPP 项目**

PPP 项目是指应用 PPP 模式进行设计、建造、运营、移交的基础设施和公共服务类项目。

**3. 项目融资**

项目融资（Project Finance）是指贷款人以特定项目的未来收益和资产作为偿还贷款本息的资金来源和安全保障的筹集资金的方式。

**4. 企业融资**

企业融资是借款人以企业的资产、权益和预期收益为安全保障，筹集项目建设、企业营运及业务拓展所需资金的方式。

**5. PPP 模式融资**

PPP 模式融资是指在政府和社会资本合作模式（PPP）项目中应用项目融资方式进行资金筹集的行为。

**6. 特殊目的公司（SPV）**

特殊目的公司（Special Purpose Vehicle，SPV）是为实施特殊项目而设立的法人实体。

**7. 社会资本**

社会资本指符合项目资格条件要求的各类经营性投融资主体，但相关法律法规中明确禁止的除外。

## 名词解释

### 8. 再融资

再融资是指项目在完成建设期融资后，由于种种原因，还需要以资产证券化、营运期贷款、增发股份等方式进行的运营期融资。

### 9. 资产证券化（ABS）

资产证券化（Asset-backed Securities，ABS）是以特定资产组合或特定现金流为支持，发行可交易证券的一种融资形式。发起人将其流动性不足但具有未来现金流收入的信贷资产打包成流动性强的证券，并用信用增强的措施，通过证券发行的方式出售给资本市场上的投资人。

### 10. 资产支持票据

资产支持票据（Asset-Backed Medium-term Notes，ABN），是一种债务融资工具，该票据由特定资产所产生的可预测现金流作为还款支持，并约定在一定期限内还本付息。

### 11. 全生命周期

全生命周期（Whole Life Cycle），是指项目从设计、融资、建造、运营、维护至终止移交的完整周期。

### 12. 使用者付费

使用者付费（User Charge），是指在PPP项目中由最终消费用户直接付费购买公共产品和服务。

### 13. 可行性缺口补助

可行性缺口补助（Viability Gap Funding），是指在PPP项目中使用者付费不足以满足社会资本或SPV公司成本回收和合理回报，而由政府以财政补贴、股本投入、优惠贷款和其他优惠政策的形式，给予社会资本或SPV公司的经济补助。

### 14. 政府付费

政府付费（Government Payment），是指在PPP项目中政府直接付费购买公共产品和服务，主要包括可用性付费（Availability Payment）、使用量付费（Usage Payment）和绩效付费（Performance Payment）。政府付费的依据主要是设施可用性、产品和服务使用量及质量等要素。

# 参 考 文 献

[1] Abednego M. P., Ogunlana S. O. Good project governance for proper risk allocation in public-private partnerships in Indonesia [J]. International Journal of Project Management, 2006, 24 (7): 622-634.

[2] Ahwireng-Obeng F., Mokgohlwa J. P. Entrepreneurial risk allocation in public-private infrastructure provision in South Africa [J]. S. Afr. J. Bus. Manage, 2002, 33 (4): 29-39.

[3] Akkizidis I. S., Khandelwal S. K. Financial risk management for Islamic banking and finance [M]. New York, NY: Palgrave Macmillan, 2008.

[4] Bing L., Akintoye A., Edwards P. J., et al. The allocation of risk in PPP/PFI construction projects in the UK [J]. International Journal of project management, 2005, 23 (1): 25-35.

[5] Bothmann F., Kerndlmaier R., Koffeman A. I., et al. Public-Private Partnership [J]. A Guidebook for Riverside Regeneration: Artery-Transforming Riversides for the Future, 2006: 110-139.

[6] Dailami M., Leipziger D. Infrastructure project finance and capital flows: A new perspective [J]. World Development, 1998, 26 (7): 1283-1298.

[7] Dailami M., Lipkovich I., Van Dyck J. Infrisk: a computer simulation approach to risk management in infrastructure project finance transactions [J]. World Bank Policy Research Working Paper, 1999 (2083).

[8] Dealing with public risk in private infrastructure [M]. World Bank Publications, 1997.

[9] Delmon J. Private sector investment in infrastructure: Project finance, PPP Projects and risks [M]. Kluwer Law International, 2009.

[10] Demurger S. Infrastructure development and economic growth: an explanation for regional disparities in China? [J]. Journal of Comparative economics, 2001, 29 (1): 95-117.

[11] Esty B. C. Modern project finance: A casebook [M]. New York, NY: Wiley, 2004.

[12] Esty B. C. Why study large projects? An introduction to research on project finance [J]. European Financial Management, 2004, 10 (2): 213-224.

［13］Grimsey D., Lewis M. K. Evaluating the risks of public private partnerships for infrastructure projects ［J］. International Journal of Project Management, 2002, 20（2）: 107 – 118.

［14］Grimsey D., Lewis M. Public private partnerships: The worldwide revolution in infrastructure provision and project finance ［M］. Edward Elgar Publishing, 2007.

［15］Heinz W. Public private partnership ［M］. VS Verlag für Sozialwissenschaften, 1999.

［16］Hodge G. A., Greve C. Public-private partnerships: an international performance review ［J］. Public administration review, 2007, 67（3）: 545 – 558.

［17］Kaur N. Public-private partnership ［J］. Journal of Interdisciplinary Dentistry, 2012, 2（3）: 228.

［18］Ke Y., Wang S. Q., Chan A. P. C., et al. Preferred risk allocation in China's public-private partnership (PPP) projects ［J］. International Journal of Project Management, 2010, 28（5）: 482 – 492.

［19］Kouwenhoven V. The rise of the public private partnership: a model for the management of public-private cooperation ［J］. Modern governance: New government-society interactions, 1993: 119 – 130.

［20］Lintner J. Corporation finance: Risk and investment ［C］//Determinants of Investment Behavior. A Conference of the Universities-National Bureau Committee for Economic Research (New York, National Bureau of Economic Research, 1967). 1967.

［21］Marques R. C., Berg S. Risks, contracts, and private-sector participation in infrastructure ［J］. Journal of Construction Engineering and Management, 2011, 137（11）: 925 – 932.

［22］Mustafa A. Public-private partnership: an alternative institutional model for implementing the private finance initiative in the provision of transport infrastructure ［J］. The Journal of Structured Finance, 1999, 5（1）: 56 – 71.

［23］Ng A., Loosemore M. Risk allocation in the private provision of public infrastructure ［J］. International Journal of Project Management, 2007, 25（1）: 66 – 76.

［24］Roggencamp S. Public private partnership ［J］. Frankfurt am Main ua, 1999.

［25］The challenge of public-private partnerships: Learning from international experience ［M］. Edward Elgar Publishing, 2005.

［26］Torres L., Pina V. Public-private partnership and private finance initiatives in the EU and Spanish local governments ［J］. European Accounting Review, 2001, 10（3）: 601 – 619.

［27］Yescombe E. R. Principles of project finance ［M］. Academic Press, 2002.

［28］Yuan J., Zeng A. Y., Skibniewski M. J., et al. Selection of performance objectives and key performance indicators in public-private partnership projects to achieve value for money ［J］. Construction Management and Economics, 2009, 27（3）: 253 – 270.

[29] 蔡宇平. 论西方市场失灵理论的局限性 [J]. 财政研究, 2000 (8): 49-53.

[30] 曹冬英, 王少泉. 新公共管理理论对民营化理论的扬弃 [J]. 重庆科技学院学报 (社会科学版), 2015 (3): 1-6.

[31] 陈很荣, 范晓虎, 吴冲锋. 西方现代企业融资理论述评 [J]. 财经问题研究, 2000 (8): 62-66.

[32] 陈晓红, 刘剑. 我国中小企业融资结构与融资方式演进研究 [J]. 中国软科学, 2004 (12): 61-67.

[33] 程浩, 管磊. 对公共产品理论的认识 [J]. 河北经贸大学学报, 2002, 23 (6): 10-17.

[34] 郭斌. 企业债务融资方式选择理论综述及其启示 [J]. 金融研究, 2005 (3): 145-157.

[35] 韩煦. 中国企业民营化进程的理论价值 [J]. 东岳论丛, 2011 (4): 147-150.

[36] 何伯森, 万彩芸. BOT 项目的风险分担与合同管理 [J]. 中国港湾建设, 2001 (5): 63-66.

[37] 何颖, 李思然. 新公共管理理论方法论评析 [J]. 中国行政管理, 2014 (11): 66-72.

[38] 黄小勇. 新公共管理理论及其借鉴意义 [J]. 中共中央党校学报, 2005, 8 (3): 60-63.

[39] 贾晓璇. 简论公共产品理论的演变 [J]. 山西师大学报 (社会科学版), 2011 (S2): 31-33.

[40] 柯永建, 王守清, 陈炳泉. 基础设施 PPP 项目的风险分担 [J]. 建筑经济, 2008 (4): 31-35.

[41] 柯永建, 王守清, 陈炳泉. 英法海峡隧道的失败对 PPP 项目风险分担的启示 [J]. 土木工程学报, 2008, 12.

[42] 匡小明. 构建和谐经济利益关系与市场失灵, 政府失灵的矫正 [J]. 特区经济, 2008 (10): 165-166.

[43] 李明哲. 国外 PPP 发展动态述评 [J]. 建筑经济, 2014 (1): 001.

[44] 李秀辉, 张世英. PPP: 一种新型的项目融资方式 [J]. 中国软科学, 2002 (2): 51-54.

[45] 刘辉. 市场失灵理论及其发展 [J]. 当代经济研究, 1999 (8): 39-43.

[46] 刘志强, 郭彩云. 基础设施建设项目引入 PPP 融资方式探讨 [J]. 建筑经济, 2005 (6): 40-42.

[47] 罗慧英, 南旭光. 企业融资理论回顾及其评价 [J]. 商场现代化, 2007 (05X): 162.

[48] 马连杰, 陈捍宁. 美国中小企业融资方式及其启示 [J]. 企业改革与管理, 1999 (3): 38-39.

[49] 彭桃花, 赖国锦. PPP 模式的风险分析与对策 [J]. 中国工程咨询, 2004 (7): 11-13.

[50] 唐祥来. 公共产品供给 PPP 模式研究 [J]. 中国经济问题, 2005 (4): 44-51.

[51] 王冰. 市场失灵理论的新发展与类型划分 [J]. 学术研究, 2000 (9): 37-41.

[52] 王雪青, 喻刚, 邴兴国. PPP 项目融资模式风险分担研究 [J]. 软科学, 2008, 21 (6): 39-42.

[53] 王亚伟. 新公共管理理论对我国公共管理的启示 [J]. 中共郑州市委党校学报, 2011 (6): 61-63.

[54] 韦棋. 新公共管理理论认识的一个补充——新公共服务理论的兴起 [J]. 经营管理者, 2015 (9): 163.

[55] 魏伟, 卢少云. 公共服务市场化的反思 [J]. 天水行政学院学报, 2010 (3): 18-22.

[56] 魏伟, 卢少云. 公共服务市场化失灵的风险分析 [J]. 郑州航空工业管理学院学报 (社会科学版), 2010, 29 (4): 202-205.

[57] 武志红. 我国运行 PPP 模式面临的问题及对策 [J]. 山东财政学院学报, 2005 (5): 19-24.

[58] 鄢奋. 现代西方公共产品理论的借鉴与批判 [J]. 当代经济研究, 2012 (10): 54-57.

[59] 杨慧. 企业融资理论基础探析 [J]. 黑龙江金融, 2006 (8): 35.

[60] 张建东, 高建奕. 西方政府失灵理论综述 [J]. 云南行政学院学报, 2006 (5): 82-85.

[61] 张水波, 何伯森. 工程项目合同双方风险分担问题的探讨 [J]. 天津大学学报 (社会科学版), 2003, 5 (3): 257-261.

[62] 章晟. 企业债融资的比较优势与实证分析 [J]. 中南财经政法大学学报, 2006 (4): 81-86.

[63] 赵艳芹, 宁丽新, 朱翠兰. 西方公共产品理论述评 [J]. 商业时代, 2008 (28): 36.

[64] 钟永键, 刘伟. 现代西方政府失灵理论评析 [J]. 理论与改革, 2003 (6): 31-32.

[65] 朱峰. 西方企业融资理论的系统回顾 [J]. 青海金融, 2006 (4): 20-22.

# 后　　记

"如果说PPP是一场球赛的话，上半场是通过公平的方式选择最有能力的社会资本和政府合作，下半场就是融资问题。"PPP项目周期长、资金密集，融资作为PPP项目的核心环节，在极大程度上决定了项目的成败。本书通过对PPP融资的研究，力求能让广大读者充分认识PPP的融资价值，正确选择融资方式及融资环节，并合理评估应对融资风险；对如何充分发挥社会资本在融资渠道和融资成本上的优势、提高资金的效率提供了新思路。

感谢四川大学陈传教授、上海市财政局纪鑫华博士、财政部财政科学研究所张鹏研究员、锦天城律师事务所刘飞律师以及浦发银行股份有限公司郑大卫先生，他们为本书的完成付出了艰辛的努力。中国投资咨询有限责任公司聂敏女士、谭志国先生以及上海银行股份有限公司茅彦明先生为本书的编写提供了大量宝贵意见。

本书是由财政部政府和社会资本合作中心孙玉清、谢飞、夏颖哲、涂毅、史进驰等同志组成的工作组编写而成。在本书编写过程中，财政部政府和社会资本合作中心焦小平主任、莫小龙副主任、韩斌副主任、王宁副主任，为本书的写作思路和框架设计把脉开方、指明方向。财政部政府和社会资本合作中心傅平、孟祥明、刘宝军、韩婧、朱梦莹、郭浩、张潇文、曲经纬、王晓菁等同志对本书内容进行了严谨细致的审核把关，保证了本书的专业性和规范性。实习生蒋位玲、吴昺兵、赵阳光、包烽余、代晶等在素材整理、文献检索、排版校验方面做了大量基础、细致性工作，在此一并表示感谢。

当前，PPP相关政策仍在陆续出台，融资理论和方法也在不断发展。同时受限于时间和水平，本书可能还存在疏漏和待完善之处，敬请各位读者不吝赐教。

财政部政府和社会资本合作中心<br>
2016年12月